Rechtsentscheide Mordechai Kimchis aus Südfrankreich (13./14. Jahrhundert)

JUDENTUM
UND UMWELT

Herausgegeben von
Prof. Dr. Dr. Johann Maier

in Verbindung mit
Paolo Sacchi und Joseph Shatzmiller

Band 31

PETER LANG
Frankfurt am Main · Bern · New York · Paris

RECHTSENTSCHEIDE MORDECHAI KIMCHIS AUS SÜDFRANKREICH (13./14. JAHRHUNDERT)

übersetzt und erläutert
von Hans-Georg von Mutius

PETER LANG
Frankfurt am Main · Bern · New York · Paris

CIP-Titelaufnahme der Deutschen Bibliothek

Qimḥî, Mordekay:

Rechtsentscheide Mordechai Kimchis aus Südfrankreich : (13./14. Jahrhundert) / übers. und erl. von Hans-Georg von Mutius. - Frankfurt am Main ; Bern ; New York ; Paris : Lang, 1991

(Judentum und Umwelt ; Bd. 31)
ISBN 3-631-43757-9

NE: Mutius, Hans-Georg von [Übers.]; GT

ISSN 0721-3131
ISBN 3-631-43757-9

Printed in Germany 1 3 4 5 6 7

Dem Pfarrer Joseph Doucé zugeeignet

Anlässlich der Präsentierung der vorliegenden Arbeit möchte ich jenen danken, ohne deren Hilfe ich das Werk nicht hätte erstellen können. An erster Stelle ist das Martin-Buber-Institut der Kölner Universität zu nennen, dessen vorzügliche Bibliothek den Grundstock für das lieferte, was ich benötigte. Weitere Literatur besorgten mir Dr. Klaus Herrmann aus Berlin und Hans-Jakob Haag aus Zürich. Es wird dem kundigen Leser beim Studium des Literaturverzeichnisses dennoch nicht entgehen, dass gerade bei Quellentexten nicht immer die neueste Ausgabe verzeichnet worden ist. Das Literaturverzeichnis dokumentiert eben nur, was mir erreichbar war. Frau Annette Winkelmann aus Köln hat mich bei der Endkorrektur tatkräftig unterstützt. Dafür bin ich auch ihr zu Dank verpflichtet.

Im Laufe des Jahres 1992, wahrscheinlich erst nach der Jahresmitte, will ich noch einen weiteren Band nach Art der hier vorgelegten Publikation folgen lassen.

München, im März 1991.

Der Verfasser.

INHALTSVERZEICHNIS

PROLEGOMENA

Responsen jüdischer Gesetzeslehrer, die in der Regel auf die Anfrage einer auswärtigen Gemeinde hin erteilt werden und in denen der Befragte im Sinne der mischnisch - talmudischen und nachtalmudischen Halacha Auskunft zu dem ihm vorgelegten Rechtsproblem erteilt,[1] gibt es im mittelalterlichen Südfrankreich spätestens seit dem 12. Jahrhundert.[2] Die bisher im Druck publizierten Texte sind naturgemäss weit verstreut und vom Umfang her nicht unbeträchtlich.[3] Die vorliegende Arbeit hat sich zum Ziel gesetzt, einige Rechtsentscheide eines bisher nicht sonderlich bekannten Talmudisten in deutscher Übersetzung mit textimmanenter Kommentierung zugänglich zu machen. Es handelt sich dabei um Mordechai Kimchi, den Enkel des Exegeten und Sprachwissenschaftlers David Kimchi,[4] aus dessen Leben kaum Daten vorliegen. Ganz sicher wirkte er

---

1) Zur Responsenliteratur als literarischer, juristischer und historischer Quellengattung vergl. M.Elon: HMŠPṬ HʿBRY, Bd.2, 3.Aufl., Jerusalem, 1988, S.1213ff.

2) Vergl. etwa B.Z.Benedikt: MRKZ HTWRH BPRWBʾNS, Jerusalem, 1985, S.47ff u.a..

3) Die mit Blick auf die vorhandene Quantität eher pessimistische Bewertung von J.Shatzmiller: Violence, chantage et mariage - Arles 1387, Provence historique 37, 1987, S.591ff teile ich nicht so ganz. Von den dort genannten Quellensammlungen abgesehen muss man ja auch die teilweise riesenhaften halachischen Kompendien und Talmudkommentare der südfranzösischen Rabbinen des 12. bis 14.Jahrhunderts berücksichtigen. Abgesehen von dem einen oder anderen Responsum enthalten diese Texte vor allem Hinweise auf lokale Gebräuche und Rechtsvorschriften einzelner Gemeinden, deren historischer Quellenwert dem eines Responsums mindestens gleichkommt.

4) Siehe I.Ta-Shma: "Kimḥi, Mordecai", EJ-Jerusalem, Bd. 10, 1971, Sp.1007.

kurz nach 1300 in Carpentras, von wo aus er an Abba Mari Ben Moses von Lunel ein Reskript zum Stellenwert der Philosophie in der jüdischen Bildung richtete.[1] Einem seiner Rechtsgutachten zufolge muss er zeitweise auch in Narbonne gewirkt haben.[2] Bekannter als er selber ist sein Sohn Isaak, der Mai(s)tre Petit de Nyons, der als halachische Autorität grosses Ansehen erlangte.[3] Einige Gutachten Mordechais (und seines Sohnes) wurden vor mehr als 20 Jahren von Abraham Sofer in einem Sammelwerk ediert, das etliche Responsen südfranzösischer Rabbinen des 13. und 14. Jahrhunderts vornehmlich zu eherechtlichen Fragen enthält.[4] Mit Ausnahme von Mordechai Kimchis Talmudkommentar zu b Ketubbot 63b - 64a[5] sind seine darin aufgenommenen Entscheidungen hier alle übersetzt worden. Der Herausgeber hat die Texte nicht nur mustergültig ediert, sondern auch mit einem hilfreichen Kommentar versehen. Dies gilt insbesondere bei der Behandlung korrupter Stellen der teils hebräischen, teils aramäischen Texte, die der Herausgeber mit grossem Fingerspitzengefühl zu konji-

---

1) Hierauf verweist schon H.Gross, Gallia Judaica, 2. Aufl., hrsg. von S.Schwarzfuchs, Amsterdam, 1969, S. 607f. Abba Mari Ben Moses von Lunel publizierte den Brief in seinem Sammelwerk "Minchat Kena᾽ot" unter der Nr.91. M. Calmann: The Carrière of Carpentras, Oxford, 1984, erwähnt auf S.157 bei der Beschreibung der zu Carpentras im 13. und 14. Jahrhundert wirkenden jüdischen Gelehrten Mordechai Kimchi nicht mit Namen.
2) Siehe unten auf S.117 Anmerkung 6.
3) Siehe Anmerkung 4 auf der vorigen Seite.
4) TŠWBWT ḤKMY PRWBYNṢY᾽, Jerusalem, 1967. Eine Übersicht der dort zu Mordechai Kimchi gehörenden Texte liefert B.Blumenkranz: Auteurs juifs en France médiévale, Toulouse, 1975, S.94. Die Entscheidungen seines Sohnes sind auf S.37 verzeichnet.
5) TŠWBWT ḤKMY PRWBYNṢY᾽, a.a.O., S.304ff § 81.

zieren oder zu ergänzen versucht hat. Die von Mordechai Kimchi zitierten Stellen aus der Bibel und dem halachischen Schrifttum hat Sofer weitestgehend nachgewiesen. Soweit in der Übersetzung oder im Kommentarteil auf der entsprechenden Seite über die Angaben des Herausgebers hinaus ergänzende Belegstellen erscheinen, sind diese mit einem Sternchen * gekennzeichnet worden. Dies gilt insbesondere an den Stellen, wo die Bibelzitate zahlreich sind und sich das Problem ergibt, welcher Auslegungstradition Mordechai Kimchi bei dem einen oder anderen Vers folgt. Die Hinweise in den Anmerkungen auf die klassische rabbinische und die mittelalterliche bibelexegetische Kommentarliteratur[1] wollen in keinem Fall suggerieren, dass Mordechai Kimchi aus der ganz konkret genannten Quelle mit zwingender Notwendigkeit geschöpft hat. Wohl aber soll mit den Hinweisen zum Ausdruck gebracht werden, dass der Respondent bei der Zitierung des jeweiligen Bibelverses an eine ganz bestimmte Auslegungstradition gedacht haben muss oder kann, die - unter anderm - in der betreffenden Quelle in der Fussnote nachweisbar ist.
Die historische, vor allem sozialgeschichtliche Auswertung der hier in Übersetzung vorgelegten hebräisch - aramäischen Rechtsgutachten bleibt dem kompetenten Leser überlassen. Sie muss von einem Philologen nicht unbedingt geleistet werden, zumal die Übertragung derartig schwerer Texte in eine moderne Sprache ohnehin den anstrengenderen Teil ihrer Erschliessung darstellt.[2]

---

1) Vergl. etwa S.110ff.

2) Was herauskommen kann, wenn philologische und historische Methodik zusammenwirken, davon legt im judaistisch - islamkundlichen Bereich das monumentale Werk von S.D. Goitein: A Mediterranean Society, Berkeley/Los Angeles/London, 1967 - 1988, beredtes Zeugnis ab. Die Leistung dieses Gelehrten steht einmalig da und dürfte in diesem Jahrhundert kaum noch einmal erreicht, geschweige denn überboten werden.

Ich, dessen Unterschrift unten steht, bin zur Antrauung befragt worden, die Ruben an Hanna anlässlich einer Tafelrunde mit Weinausschank in Gegenwart Simons und Levis vollzog.[1] Der Vorgang spielte sich im Einzelnen auf folgende Weise ab: Ruben, Simon und Levi assen bei einer Tafelrunde; und während sie noch bei Tische sassen, stiess Hanna zu ihnen in jene Runde. Als sie mit dem Essen fertig waren, sprach Hanna: "Wir haben nichts mehr zu essen", und ersuchte Ruben, ihr eine kleine Münze zu geben, damit sie Birnen kaufen könne. Er sprach zu ihr, dass er nachsehen wolle, ob er eine solche habe, und fuhr mit seiner Hand in seine Geldbörse. Daraus zog er einen Haken[2] hervor und sprach zu ihr: "Ich kann dir lediglich diesen Haken geben, wenn du möchtest." Sie erwiderte ihm: "Zeige ihn mir!" Da legte er ihn in ihre Hand und sagte zu ihr: "Da hast du den Haken! Gegeben sei er dir zur Antrauung!" Als sie den Haken entgegennahm, sprach Ruben zu Simon und Levi: "Ihr seid Zeugen hierfür!" Dazu schwieg sie. Das ist die Version Rubens,

---

1) Die Eheschliessung zerfällt nach jüdischem Recht in zwei formal getrennte Abschnitte, nämlich in die Antrauung und in die eigentliche Hochzeit. Obwohl es im Lauf des Hochmittelalters üblich geworden war, beide Teile in einer einzigen zusammenhängenden Zeremonie abzuwickeln, war es durchaus möglich, in Anlehnung an die Gepflogenheiten der talmudischen Zeit die beiden Handlungen zeitlich voneinander abzusetzen. Die Antrauung wird nun dergestalt vollzogen, dass der Bräutigam der Braut etwas Geld oder einen in Geldeswert ausdrückbaren Wertgegenstand überreicht und dabei eine bestimmte Formel spricht. Sobald die Braut das Geld oder den Wertgegenstand an sich genommen hat, ist die Antrauung vollzogen. Dem Vorgang müssen mindestens zwei qualifizierte Zeugen beiwohnen.

2) Zum Wort QR"S siehe S.2 Anmerkung 7 beim Hrsg..

der die Antrauung vollzog. Teilweise stimmt sie mit den Ausführungen der Zeugen überein. Doch zwischen den Zeugen(aussagen) besteht ein Widerspruch. Der eine behauptet, dass er alle seine Antrauungsworte schon zuende gesprochen habe, als der Haken sich noch in den Händen von ihnen beiden befand; der andere behauptet, dass der Haken bereits in Hannas Hand war, ehe Ruben seine Antrauungsworte zuende gesprochen habe. Die Frau aber widerspricht allen zusammen. Unter Ergreifung eines (heiligen) Wertgegenstandes hat sie beeidet, dass sie jenen Haken nie und nimmer als Antrauungsstück entgegengenommen habe; dass sie ihn nichts Derartiges habe sagen hören und überhaupt nicht begriffen habe, dass er sie sich habe antrauen wollen.[1] Hätte sie dies begriffen, hätte sie den Haken doch nie angenommen! Vielmehr habe sie jenen Haken nur als Pfand entgegengenommen. Ruben habe ihr nämlich[2] gesagt, dass sie ihm darauf eine kleine Münze leihen möge. Soweit die Einzelheiten in der Anfrage des jüdischen Gerichtshofes, die er uns vorgelegt hat.[3] Ich habe vernommen, dass unsere heutigen Weisen in der Sache geteilter Meinung sind.[4] Einige verbieten ihr (eine direkte Neuheirat), andere erlauben ihr diese. Es hätte

---

1) Mit dem Hrsg. ist statt ŠRṢTH ein ŠRṢH zu lesen.

2) Mit dem Hrsg. ist statt LW ein LH zu lesen.

3) Die Frage lautet, ob die Antrauung gültig war. Wenn sie gültig war, bedarf die Frau eines Scheidebriefes von Ruben, falls sie sich nach eigenem Belieben neu verheiraten will. Als Geschiedene darf sie dann aber zum Beispiel keinen Angehörigen der priesterlichen Familien mehr ehelichen. Ist die Antrauung ungültig, kann sie sich ohne Probleme neu verheiraten.

4) Der Fall wurde von dem zuständigen, seinem Sitz nach unbekannten Gemeindegericht noch etlichen anderen Gelehrten zur Entscheidung angetragen, deren Gutachten der Hrsg. zusammen mit dem hier übersetzten Text publiziert hat.

mir eigentlich nicht zugestanden, mich in die Diskussion grosser Gelehrter einzumischen, und dies auch noch mit aller Ausführlichkeit. Aber das (, was sie sagen,) ist Tora; und ich muss daraus lernen. Nach Massgabe unserer bescheidenen Erkenntnis sind die Ausführungen jener plausibel, die ihr (eine direkte Neuheirat) erlauben und sagen, dass sie überhaupt keinen Scheidebrief benötigt. Zum einen ist nämlich (für einen gültigen Antrauungsakt) das Einverständnis der Frau erforderlich; und zum andern ist die von ihm verwendete Formulierung, mit der er die Antrauung vorzunehmen gedachte, gar keine Antrauungsformulierung gewesen. Ausserdem sind die sich widersprechenden Zeugen(aussagen) nicht zuverlässig. Ich habe mir Einblick in die Stellungnahme desjenigen verschafft, der diesbezüglich geschrieben hat, dass wir die Aussage der Zeugen im Hinblick auf diesen Sachverhalt nicht als widersprüchlich bewerten sollten.[1] Als Beweis führt er jenen Text aus dem Abschnitt HYW BWDQYN an, der in unserer Mischna folgendes lehre: SAGT EINER: ES GESCHAH IN DER ZWEITEN STUNDE, UND DER ANDERE: ES GESCHAH IN DER DRITTEN STUNDE, SO IST IHR ZEUGNIS GÜLTIG (M Sanhedrin V,3). Rabba beziehe dies im Traktat Pesachim auf die Worte Rabbi Meirs: MAN DARF SICH (als Zeuge) UM ETWAS WENIGER ALS ZWEI STUNDEN IRREN[2] (b Pesachim 12a). Dies lehre uns, dass die Zeugen insoweit keine exakt parallelen Wahrnehmungen aussagen müssten.[3] Soweit die Einzel-

---

1) Der Autor geht hier und im Folgenden auf das Responsum eines gewissen Baruch Ben Isaak ein, das der Hrsg. auf S.21ff unter der Nr.4 publiziert hat.

2) Nach Rabbi Meir ist die Zeugenaussage dann immer noch gültig bezw. verwertbar.

3) Nach Baruch Ben Isaak sind die unterschiedlichen Zeugenaussagen über den Zeitpunkt, da Rubens Spruch und die Aushändigung des Hakens vollendet waren, kein Argument gegen ihre grundsätzliche Gültigkeit.

heiten seiner Darlegung.[1] Doch diese Analogie ist nicht recht einsichtig.[2] Denn das Stundenzeugnis ist (a priori) keine Angelegenheit, in der man mit absoluter Genauigkeit aussagen kann. Selbst der Oberste der Astrologen (kann es nicht), auch wenn sie ihre Arbeitsinstrumente zur Hand haben - wie wir bei den Astrologen Pharaos sehen können.[3] Deswegen sorgten sich die Weisen um die exakte Angabe der Stunden nicht,[4] soweit sich der Sinnesirrtum in einem zulässigen Rahmen bewegt. Doch aus der Nachforschung der Stundenzeit lässt sich für die übrigen Aspekte der Zeugenaussage nichts ableiten, so wie wir dort in der Gemara ganz offen sagen: RAV SIMI, ASCHIS SOHN, SPRACH: MAN HAT DIES NUR IN BEZUG AUF DIE STUNDENZEIT GELEHRT. SAGT ABER EINER: DER VORFALL GESCHAH VOR SONNENAUFGANG, SO IST, SELBST WENN DER ANDERE (nur) SAGT: DIE SACHE GESCHAH MITTEN BEI SONNENAUFGANG, IHRE ZEUGENAUSSAGE NICHTIG. OBWOHL MAN NÄMLICH SAGEN KÖNNTE: JENER, DER AUSSAGTE, DASS SIE MITTEN BEI SONNENAUFGANG GESCHAH, WAR BEI ANBRECHENDER TAGESHELLE ZUGEGEN UND SAH BLOSS[5] REFLEKTIERENDE LICHTSTRAHLEN, und seine Zeugenaussage ist nicht gegenstandslos, LEHRT MAN UNS EBEN DIESES[6] (b Pesachim 12b - 13a). Dies ist nämlich keine rechte Art und Weise (, eine Zeugenaussage zu zu machen), weil man sich in einer Angelegenheit wie

---

1) Vergl. den Hrsg. auf S.21f in seiner Edition.

2) Die Analogie, die Baruch Ben Isaak zwischen der mischnisch - talmudischen Bestimmung und dem Fall mit der Antrauung hergestellt hat.

3) Nach b Berachot 4a traute Moses Pharaos Sterndeutern Fehler bei der Berechnung des genauen Mitternachtszeitpunktes zu.

4) Wenn der Zeuge über den Zeitpunkt des Vorfalles eine Aussage macht.

5) Statt D‘LM’ ist mit dem Textus receptus des Talmuds doch wohl B‘LM’ zu lesen.

6) Dass die vereinte Zeugenaussage nichtig ist.

dieser nicht irren kann.[1] Folglich können wir hieraus entnehmen, dass wir aus der Ermittlung des Stundenzeugnisses nichts für die übrigen Ausforschungsfragen (zur Erhebung eines Sachverhalts) ableiten können. So ist es nur logisch und vom Verstand her zwingend. Das gilt um so mehr für diese Zeugenaussage, bei der wir die Gewissheit haben, dass sich die beiden in einer Angelegenheit widersprechen, von der ein ganz essentieller Punkt in der eigentlichen Antrauungszeremonie abhängt: ob die Frau nämlich vor der Übergabe des Geldes[2] oder ob sie nach der Übergabe des Geldes geschwiegen hat.[3] Infolgedessen hat der (von Baruch Ben Isaak) angeführte Beweis überhaupt nichts mit dem behandelten Sachverhalt zu tun. Es geht nun um das, was der Meister so haarklein analysiert hat,[4] dass nämlich die Halacha in folgender Form

---

1) Unstimmigkeiten in der Frage, ob der zu bezeugende Fall sich vor oder während des Sonnenaufgangs abspielte, beruhen darauf, dass einer der beiden Zeugen lügt oder fahrlässig falsch aussagt.

2) Oder des Gegenstandes mit Geldeswert. Die Worte BYN ... WBYN bedeuten hier nicht: "sei es - sei es"!

3) Überreicht jemand einer unverheirateten Frau Geld oder Wertgegenstände zur Verwahrung oder als Leihgut und sagt dies bei der Übergabe auch ausdrücklich, um sich anschliessend dahingehend zu korrigieren, dass er ihr das Geld oder den Wertgegenstand zur Antrauung übergibt, dann gilt folgendes: Macht er die korrigierende Deklaration während der Übergabe, so wird sie ihm rechtsgültig angetraut, wenn sie auf seine Worte hin schweigt und annimmt, was er ihr daraufhin gibt. Macht er die korrigierende Deklaration erst nach vollzogener Übergabe des Geldes oder des Wertgegenstandes und schweigt sie dann, so ist sie ihm nicht angetraut. Vergl. b Kidduschin 12b - 13a. Dieser Gesichtspunkt kommt im folgenden Kontext zur Sprache.

4) Es ist weiter von Baruch Ben Isaak die Rede.

verlaufe: Wenn der Bräutigam alle seine Worte nach der Hingabe des Geldes spreche (und sie dazu schweige), sei dies das auf die Geldhingabe folgende Schweigen.[1] (Aber bei unserem Vorfall könne von einem Schweigen nach der Geldhingabe nicht gesprochen werden, nachdem er seine Rede begonnen habe, ehe er ihr den Gegenstand überreichte),[2] obwohl er mit seiner Rede (möglicherweise) noch nicht fertig gewesen sei,(als sich der Haken bereits in ihrer Hand befunden habe). Soweit die Einzelheiten seiner Ausführungen.[3] Selbst wenn die Form der Halacha so verläuft, wie er sagt, sage ich aber, dass man bei jenem Vorgang, dem die Frau ausgesetzt wurde, jeweils aufs Genaueste verfahren muss: sei es mit den Worten Rubens, der sie sich anzutrauen gedachte, oder sei es mit den Worten Hannas. Denn nach der Aussage des Zeugen, der bezeugt, dass er den Gegenstand noch vor der Beendigung seiner Rede in ihre Hand gelegt hat,[4] hat er doch wahrhaftig mindestens ein Wort übrig gelassen, das er erst sprach, nachdem er den Gegenstand in ihre Hand gelegt hatte, nämlich das Wort "zur Antrauung". Denn dieses stand nach Aussage Rubens und der Zeugen an letzter Stelle. Wenn es aber so ist, dann können wir sagen, dass er ihr den Gegenstand gemäss Rubens eigenen Worten, der die Antrauung damit vollziehen wollte, (bloss) als Geschenk gab. Denn Ruben sagt doch dieses aus: Als sie von ihm eine kleine Münze für (den) Birnen(kauf) forderte, antwortete er ihr, dass er nur einen Haken geben könne, wenn sie den wolle. Daraufhin habe sie ihm erwidert: "Zeige ihn mir!", woraufhin er ihn ihr überreicht und zu ihr gesagt habe: "Da hast du diesen Haken; er sei dir gegeben!" So legte er ihn in ihre Hand. Wenn man nun die Aussage des Zeugen anschaut, nach der Ruben mit seinen

---

1) Das die Antrauung ungültig macht.

2) Das in Klammern Gesetzte ist nach dem Hrsg. ergänzt.

3) Siehe S.21f in der Edition des Hrsg..

4) Statt Š‹M ist mit dem Hrsg. Š‹D ŠL› zu lesen.

Worten noch nicht fertig war, als er den Gegenstand in ihre Hand legte,[1] sondern erst hernach seine Worte beendete und "zur Antrauung" sprach - so hast du wahrhaftig kein grösseres Schweigen nach einer Geldübergabe vorliegen als in diesem Fall![2] Wir dürfen vielmehr ganz im Gegenteil sagen, dass er ihr den Gegenstand (bloss) zum Geschenk machte, wie wir beschrieben haben. Denn als er zu ihr sprach: "Gegeben sei er dir!", gebrauchte er eine Schenkungsformulierung, die nicht deutlicher hätte ausfallen können.[3] Da aber bereute er sichtlich (das Gesagte) und er sprach (noch zusätzlich die Worte) "zur Antrauung". Wie konnte er sie sich denn auch mit dem Gegenstand antrauen, als er ihr diesen gab? Selbst wenn wir im Allgemeinen der Meinung sind, dass ein Schweigen nach der Geldübergabe einer Zustimmung gleichkommt, kann man das hier bei einer Formulierung wie dieser überhaupt nicht sagen. Denn die Formulierung war ja gar keine Antrauungsformel; mit Ausnahme des letzten Wortes, das er sprach, nachdem er den Gegenstand bereits in ihre Hand gelegt hatte. Der Gegenstand gelangte nämlich von einer Schenkungsformel begleitet in ihre Hand; und es stand nicht im Geringsten in seiner Macht, sie sich damit (auf solche Weise) anzutrauen. Auch wenn man nach den Worten Hannas geht, nach deren Aussage der Gegenstand als Pfand in ihre Hand gelangte, verhält es sich ebenso: Weil Ruben die Worte "zur Antrauung" am Ende sprach, nachdem er ihr den Gegenstand in die Hand gelegt hatte, gibt es kein nachdrücklicheres Schweigen nach der Geldübergabe als das der Hanna. Und weil dem nun so ist, können wir abschliessend auf die Bemerkung im ersten Kapitel des Traktates Kidduschin hinweisen, DASS EIN SCHWEIGEN NACH

---

1) Das nachfolgende ʿD ŠGMR DBRYW ist doch wohl zu streichen.

2) Die Antrauung wäre also ungültig.

3) Mit dem Hrsg. ist vor MTNH ein ʾYN LK LŠWN zu ergänzen.

DER GELDÜBERGABE OHNE RECHTSWIRKUNG IST (b Kidduschin 13a). Und weil nach der Aussage des einen Zeugen ein Schweigen nach der Geldübergabe vorgelegen hat, steht ihm der andere Mann als einziger Zeuge (für eine gültige Antrauung) gegenüber, dem widersprochen wird. Wir sind uns aber dessen sicher: Ein einziger Zeuge, dem (durch Gegenzeugnis) widersprochen wird, ist unglaubwürdig.[1] Das gilt um so mehr in diesem Fall hier, wo ihm von zwei Seiten widersprochen wird: Zum einen widerspricht ihm die Frau und zum andern widerspricht ihm ebenso auch der andere Zeuge. Dieser Zeuge aber ist für uns wahrhaftig mehr wert als der andere.[2] Denn da er sich genau auf diesen ganzen Vorgang konzentrierte, ob Ruben nämlich vorher seine Rede beendete oder ob er sie nachher beendete, hat er wirklich die Wahrheit gesprochen. Dem anderen wird also auf zweierlei Weise widersprochen; und weil das so ist, dürfen wir ihm überhaupt keinen Glauben schenken. So hat es ja auch Raschi, dessen Andenken gesegnet sei,[3] im Rahmen des Abschnitts H'WMR BQDWŠYN zu folgender Überlieferung geschrieben:[4] (ZWEI MÄNNER KAMEN AUS DEM FERNEN AUSLAND ZUSAMMEN MIT EINER FRAU UND IHREM GEPÄCK.) DER EINE SAGT: DIES IST MEINE FRAU, DIES IST MEIN SKLAVE, UND DAS IST MEIN GEPÄCK. (DER ANDERE ABER SAGT: DIES IST MEINE FRAU, DIES IST MEIN SKLAVE, UND DAS IST MEIN GEPÄCK. DIE FRAU ABER SAGT: DIES SIND MEINE BEIDEN SKLAVEN UND DIES IST MEIN

---

1) Der Respondent zitiert sinngemäss eine Stelle aus b Kidduschin 65b, die gleich weiter unten noch ausführlich zur Sprache kommen wird.

2) Der eine gültige Antrauung behauptet hat.

3) Es geht um den bedeutenden nordfranzösischen Talmudexegeten Salomo Ben Isaak aus Troyes (1030/40 - 1105).

4) Es folgt zunächst ausführlich der im Responsum nur abgekürzt wiedergegebene Talmudtext.

GEPÄCK. HIER BEDARF SIE ZWEIER SCHEIDEBRIEFE, WENN SIE IHRE KETUBBA AUS DEN GEPÄCKWERTEN EINKASSIEREN WILL. IN WAS FÜR EINEM FALL? WENN DER EINE ZEUGEN <für die Antrauung> UND DER ANDERE ZEUGEN <für die Antrauung> HAT, KANN SIE DANN BEHAUPTEN: DIES SIND MEINE BEIDEN SKLAVEN UND DIES IST MEIN GEPÄCK?) MUSS DA NICHT VIELMEHR (jeder Mann) EINEN ZEUGEN (für die jeweilige Antrauung) HABEN? Daraufhin erhebt der Text den Einwand: IST DAS DENN LOGISCH? WENN EINEM EINZIGEN ZEUGEN WIDERSPROCHEN WIRD, WIRD DEM DANN ETWA GEGLAUBT? (VIELMEHR, WAS IHRE ALLGEMEINE HEIRATSFREIHEIT ANGEHT, SO DARF SIE DOCH NACH UNGETEILTER AUFFASSUNG ALLER SOFORT UND DIREKT JEDERMANN HEIRATEN.[1] HIER ABER IST ES SO GEMEINT: SIE BENÖTIGT ZWEI SCHEIDEBRIEFE, UM IHRE KETUBBA-ANSPRÜCHE AUS DEN GEPÄCKWERTEN EINZUKASSIEREN;[2] UND RABBI MEIR WAR ES JA, DER GESAGT HAT, DASS <auch> BEWEGLICHE GÜTER FÜR DIE AUSZAHLUNG DER KETUBBA HAFTEN) (b Kidduschin 65b). Rabbi Salomo, dessen Andenken gesegnet sei, hat zum Zeugen, dem widersprochen wird, folgendes geschrieben: DA ES EINEN ANDEREN ZEUGEN GIBT, DER IHM[3] WIDERSPRICHT, DARF IHM[4] ETWA GEGLAUBT WERDEN?[5] SELBST WENN NUR SIE IHM WI-

---

1) Das heisst: Wenn sie neu heiraten will, braucht sie vorher von keinem ihrer Reisebegleiter einen Scheidebrief.

2) In der Ketubba, also dem Ehevertrag, garantiert der Mann seiner Frau im Todes- oder Scheidungsfalle die Auszahlung bestimmter Geld- oder Vermögenswerte.

3) Dem, der zugunsten eines der beiden Männer aussagt, die Frau sei von dem Betreffenden angetraut worden, steht der andere Zeuge gegenüber.

4) Dem (ersten) Zeugen von Anmerkung 3.

5) Es darf ihm natürlich nicht geglaubt werden, weil der andere Zeuge ja aussagt, dass die Frau vom anderen Mann (gültig) angetraut wurde. Dessen Zeugnis wird allerdings durch das seines Kontrahenten genauso in Frage gestellt.

DERSPRICHT[1], KANN ES DOCH NICHT NACH DEM GEHEN,[2] DER DA SAGT, DASS MAN EINEN EINZIGEN ZEUGEN LEDIGLICH BENUTZEN DARF, UM DER BEKLAGTEN PARTEI EINEN EID ABZUVERLANGEN.[3] HIER IN DIESEM FALL NÄMLICH PASST EIN EID ÜBERHAUPT NICHT HER.[4] Soweit das Zitat.

Nun möchte vielleicht jemand gegen uns folgenden Einwand geltend machen: "Selbst wenn es sich so verhält, wie können wir dann dennoch diese Hanna direkt zur Neuheirat freigeben, wo wir doch im zweiten Kapitel des Traktates Ketubbot folgendes sagen: (UNSERE LEHRER HABEN GELEHRT:) SAGEN ZWEI (Zeugen): SIE IST (jemandem) ANGETRAUT, UND SAGEN ZWEI (andere): SIE IST NICHT ANGETRAUT,[5] (SO KANN SIE NICHT EINFACH <einen anderen> HEIRATEN. IST SIE DIE NEUE EHE BEREITS EINGEGANGEN, SOLL SIE AUS DIESER NICHT ENTLASSEN WERDEN. SAGEN ZWEI <Zeugen>: SIE IST GESCHIEDEN, UND SAGEN ZWEI <andere>: SIE IST NICHT GESCHIEDEN,

---

1) Der Textus receptus im Raschi-Kommentar lautet hier: "SELBST WENN SIE IHM NICHT WIDERSPRICHT". Siehe auch den Hrsg. zur Stelle.

2) Vor M'N ist mit dem Textus receptus des Raschi-Kommentars ein L zu ergänzen.

3) Wenn der Kläger für seine Forderung nur einen einzigen Zeugen hat und der Beklagte sie abstreitet, muss letzterer im Normalfall einen Tora-Eid schwören, um den Anspruch des Klägers zurückzuweisen.

4) Keiner der beiden Männer kann mit seinem jeweiligen Zeugen der Frau einen Eid abverlangen, dass sie von ihm nicht rechtsgültig angetraut sei. Dies gilt nun nicht nur für den Talmudtext, sondern auch im Fall des Responsums: Ruben kann nicht mit dem einen, zu seinen Gunsten aussagenden Zeugen die widerstrebenbende Frau in einen Abstreitungseid treiben.

5) Der Talmudtext ist auch hier wieder nur abgekürzt zitiert worden und wird im Folgenden ausführlich wiedergegeben.

SO DARF SIE SICH NICHT EINFACH SO NEU VERHEIRATEN. HAT SIE NEU GEHEIRATET, MUSS SIE AUS DIESER VERBINDUNG ENTLASSEN WERDEN. WAS IST DER UNTERSCHIED ZWISCHEN DEM ERSTEN UND DEM ZWEITEN FALL?) Der Text schliesst mit folgenden Worten: RAV PAPPA[1] ERKLÄRTE DEN FALL MIT DEM VORHANDENSEIN VON (jeweils) NUR EINEM ZEUGEN: SAGT EIN ZEUGE: SIE IST (jemandem) ANGETRAUT, UND SAGT DER ANDERE ZEUGE: SIE IST NICHT ANGETRAUT, SO BEZEUGEN BEIDE, DASS DIE FRAU LEDIG IST. DERJENIGE, DER GESAGT HAT, DASS SIE ANGETRAUT SEI, WAR NUR EINER; UND DIE WORTE EINES EINZIGEN HABEN GEGENÜBER DER AUSSAGE ZWEIER (Zeugen) KEINEN BESTAND[2] (b Ketubbot 22b - 23a). Dennoch darf sie (bei dieser Sachlage) direkt und von vorneherein nicht neu heiraten. Hat sie neu geheiratet, muss sie natürlich nicht geschieden werden. Das ist (auch) der Sinn von Rav Pappas Ausführungen. Sie orientieren sich an dem Endergebnis der Baraita,[3] die er unter Zurechtstellung erklärt. Dabei lehrt er ja folgendes: Obwohl es bloss einen einzigen Zeugen gibt, der die Antrauung der Frau aussagt, und obwohl es einen anderen (Zeugen) gibt, der

---

1) Der Textus receptus des Talmuds schwankt hier; andere Lesarten reden von Abbaje. Siehe den Hrsg. zur Stelle.

2) Das vereinte widersprüchliche Zeugnis der beiden lässt sich rechtlich nur so bewerten, als ob beide das Nichtangetrautsein der Frau ausgesagt haben. Die Zeugenaussage, die der Frau den Status einer Angetrauten bescheinigt, steht also für sich genommen einem doppelten entgegengesetzten Zeugnis gegenüber.

3) Eine Baraita ist ein mischnaartiger Lehrsatz, der aber nicht in der Mischna selbst, sondern im rabbinischen Schrifttum ausserhalb der Mischna Eingang gefunden hat. Der Text, der hier gemeint ist, beginnt auf der Vorseite und endet oben auf dieser Seite in der dritten Zeile.

dies verneint, darf sie dennoch nicht direkt und von vorneherein neu heiraten."[1] Als Lösung könnte ich anführen, dass Rav Pappas Aussage nicht der Halacha entspricht, da ja Rav Aschi, der zeitlich später liegt, das Thema einfach so auf ganz andere Weise abschliesst.[2] Dennoch wollen wir hier keine gezwungen klingende Antwort präsentieren; denn der Gaon Al-Fasi, dessen Andenken gesegnet sei,[3] und die Geonim[4] haben im Ergebnis ebenso nach Rav Pappa entschieden. Darum kann ich ihn nicht aus der (geltenden) Halacha ausschliessen. Die richtige und die Schwierigkeit beseitigende Antwort lautet gemäss der von unseren Lehrern empfangenen Überlieferung folgendermassen: dass dieser im Traktat Ketubbot abgehandelte Fall überhaupt nicht mit jenem Vorgang vergleichbar ist, der uns zur Entscheidung angetragen wur-

1) Hier endet der vom Respondenten referierte anonyme Einwand, der möglicherweise nur fiktiver Natur ist.

2) Statt ʾḤD ist ʾḤR zu lesen. Der Respondent bezieht sich hier auf eine Aussage Aschis, der die Diskussion um die Baraita mit folgenden Worten beendet: Es seien jeweils zwei Zeugenpaare gemeint, die die Tatbestände kontrovers aussagten, und die Rechtsfolgen bei der umstrittenen Antrauung und bei der umstrittenen Scheidung seien genau umgekehrt, wenn die Frau hernach neu geheiratet habe. Vergl. b Ketubbot 23a.

3) Der im 11.Jahrhundert erst in Nordafrika, dann in Südspanien wirkende Gelehrte Isaak Al-Fasi ist als Verfasser einer autoritativen Kurzfassung des babylonischen Talmuds mit dem Titel "Halachot Al-Fasi" berühmt geworden, auf deren Ausführungen zu b Ketubbot 22b - 23a der Respondent hier Bezug nimmt.

4) Unter Geonim versteht man die nachtalmudischen Gesetzesgelehrten der jüdischen Diaspora vornehmlich im islamischen Machtbereich bis zum 11.Jahrhundert.

de. Denn der Fall dort[1] handelt von einem Sachverhalt, wo die Frau jenem Zeugen, der ihre Antrauung aussagt, überhaupt nicht widerspricht. Auch der Zeuge, der ihr Nichtangetrautsein aussagt, widerspricht ihm ebenfalls nicht gänzlich. Aus diesem Grunde hat man gesagt, dass sie nicht von vorneherein (einfach so neu) heiraten soll. Was für ein Fall ist damit gemeint? Nun, zum Beispiel der, dass der Mann ihr das Antrauungsgeld zugeworfen hat. Ein Zeuge sagt nun aus: "Es lag näher bei ihr (als bei ihm)", womit sie angetraut wäre. Der andere aber erklärt: "Es lag näher bei ihm (als bei ihr)", womit sie nicht angetraut wäre. Die Frau selber aber weiss nicht, ob das Antrauungsgeld mehr in ihrer oder mehr in seiner Nähe niedergefallen ist, und kann keinem der beiden widersprechen. Infolgedessen hat man gesagt, dass sie nicht von vorneherein (einfach so neu) heiraten soll; denn sie kann dem einen Zeugen nicht widersprechen, der ihre Antrauung aussagt. Aber in dem Fall, wo[2] sie ihm widerspricht und sagt: "Ich bin mir sicher, dass das Antrauungsgeld näher bei ihm (als bei mir) niedergefallen ist," womit sie nicht angetraut wäre, bedarf es weder eines Gerichts noch eines Richters;[3] denn man muss doch hierbei nicht die geringste Befürchtung hegen. Sie darf von vorneherein (einfach so neu) heiraten. So haben haben wir es von unseren Lehrern, deren Andenken gepriesen sei, überliefert bekommen.[4] Ebenso hat es auch der grosse Meister, Herr Abraham, der Sohn von

1) Von dem der Talmudtext spricht.

2) Mit dem Hrsg. ist statt HKʾ ein HYKʾ zu lesen.

3) Denen dieser Fall als Problemsache unterbreitet werden müsste.

4) Der Respondent referiert bis hier Gedanken, die sich teilweise schon in den Standard-Tosafot zu b Ketubbot 23a finden. Trotzdem haben sie wohl nicht die Vorlage gebildet, die der Respondent konkret meint.

Herrn David, in seinem Kommentar geschrieben,[1] dass sie in dem Fall, da sie ihm widerspricht, heiraten darf, und zwar direkt und von vorneherein. Folgendes hat er nämlich geschrieben: ERST RECHT GILT DOCH NUN JETZT: WENN EIN ZEUGE KOMMT UND AUSSAGT, DASS DIE UND DIE FRAU ANGETRAUT IST, WÄHREND SIE IHM WIDERSPRICHT - SCHENKEN WIR IHM DANN IRGENDEINE BEACHTUNG? UM SO WENIGER KANN MAN SIE IHM DANN SCHENKEN, WENN EIN (anderer) ZEUGE IHRE BEHAUPTUNG STÜTZT, DASS SIE NICHT ANGETRAUT SEI. Soweit das Zitat.[2] Auch zu den Zeugen[3] kann man nicht sagen,[4] dass jeder für sich dem andern definitiv widerspricht. Denn sie legen über eine Sache Zeugnis ab, die vom subjektiven Ermessen abhängig ist. Möglicherweise sagte jeder unter genauer Angabe gemäss seiner persönlichen Mutmassung aus, dass das Antrauungsgeld näher beim Mann bezw. näher bei der Frau zu sein schien.[5] Hier jedoch,[6] wo ja der eine (Zeuge) gesagt hat, dass er sich ganz sicher ist, dass der Mann seine Worte erst nach der Übergabe des Hakens in die Hand der Frau beendete, kommt das wahrhaftig einer klaren Aussage seinerseits gleich, dass sie (ihm) nicht angetraut sei. Ihm müssen wir weit mehr als dem anderen (Zeugen) glauben, weil er auf den

---

1) Die Rede ist von Abraham Ben David aus Posquières, der als Talmudist im 12.Jahrhundert in Südfrankreich grosses Ansehen genoss.
2) Nach meiner Kenntnis ist der Kommentar von Abraham Ben David zum Talmudtraktat Ketubbot bis jetzt noch nicht ediert worden.
3) Von denen der Talmudtext redet.
4) Mit dem Hrsg. ist ein LYK' zu ergänzen.
5) Gemeint ist folgendes: Jeder der beiden Zeugen sagte seine Beobachtung zwar nach bestem Wissen und Gewissen aus, aber als persönlichen Eindruck und nicht als definitive Tatsachenbehauptung.
6) Im Fall des Responsums.

Hergang viel genauer als der andere geachtet hat. Er widerspricht dem anderen Zeugen ganz definitiv. Letzterem wird also von zwei Seiten widersprochen: von Seiten der Frau und von Seiten des einen Zeugen. Somit braucht man jenem (Zeugen) keine Beachtung zu schenken.

Alles, was wir geschrieben haben, gälte sogar dann, wenn die Formulierung des Antrauenden korrekt und richtig im Sinne der Regelung der Weisen gewesen wäre. Erst recht aber (ist die Ungültigkeit dieser Antrauung zu konstatieren), weil die benutzte Formulierung nicht richtig war und aus etlichen Gründen keine Antrauungsformel darstellte. Zum einen hat er nicht gesagt: "(Sei) mir (angetraut!)" Er gebrauchte nämlich eine ansatzweise Formulierung, die aber nicht explizit genug war.[1] Und obwohl ansatzweise Formulierungen, die aber nicht explizit genug sind - ob sie nun rechtlich von Belang sind oder nicht - mit einer Lage zu vergleichen sind, WO MAN JEMANDES ARGUMENT[2] MIT HUNDERT GEGENARGUMENTEN[3] ANFECHTEN KANN (b Baba Batra 85b), zumal die Textlesarten wechseln und im Gegensatz zueinander stehen,[4] so haben

1) Damit sind abgekürzte Aussprüche gemeint, aus denen der intendierte Sinn nicht eindeutig hervorgeht.

2) Dass der durch den Ausspruch bewirkte Rechtsakt wegen seiner fragwürdigen Form ungültig sei.

3) Dass der durch den Ausspruch bewirkte Rechtsakt trotz seiner formalen Mängel gültig sei.

4) Es geht um den in der provençalisch-jüdischen Talmudttextüberlieferung zu konstatierenden Widerspruch zwischen einer Aussage in b Nedarim 5b und b Nasir 62a. An der ersten Stelle liest man im Einklang mit dem Textus receptus, dass nach Abbaje derartige abgekürzte Aussagen rechtserheblich sind, während Rabba dies dort bestreitet. An der zweiten Stelle verhält es sich mit den beiden genau umgekehrt. Siehe die Hinweise des Hrsg. zur Stelle.

doch selbst bei solch einer Sachlage die Geonim in mehrheitlicher Abstimmung entscheiden, was Samuel[1] überall (im Talmud) als Ansicht vertritt: dass ansatzweise Formulierungen, die nicht explizit genug sind, rechtlich belanglos bleiben – so wie wir es ganz offen als Endergebnis in einem Abschnitt des ersten Kapitels des Traktates Kidduschin ausgesprochen finden.[2] So halten es auch unser Meister Al-Fasi[3], unser Meister Hai,[4] unser Meister Jakob[5] und der Meister Moses Maimonides,[6] deren Andenken gesegnet sei: dass ansatzweise Formulierungen, die nicht explizit genug sind, rechtlich belanglos bleiben. Auch Rabba denkt so und ist im ersten Kapitel des Traktates Nedarim derselben Meinung wie Samuel, aber anderer Meinung als Abbaje, der dort gesagt hat, dass solche Formulierungen rechtserheblich sind.[7] Wir aber

---

1) Name eines bedeutenden amoräischen Gelehrten.
2) In b Kidduschin 5b?
3) Der Hinweis des Hrsg. auf die Halachot zu b Kidduschin 5b ist mir nicht ganz verständlich.
4) Gemeint ist Hai Ben Scherira Gaon aus dem Irak, der im 10. und 11.Jahrhundert in Pumbedita lebte und ein umfangreiches Werk hinterliess. Auf welche Verlautbarung Hais hier konkret angespielt wird, lässt sich nicht feststellen.
5) Die Rede ist vom Raschi-Enkel Jakob Ben Meir aus dem 12. Jahrhundert, auch Rabbenu Tam genannt. Er lebte in Ramerupt und gilt als bedeutendster nordfranzösischer Tosafist seiner Zeit. In seinem talmudischen Novellen "Sefer ha-Jaschar" § 149/1 äussert er sich zum behandelten Problem im Sinne unseres Respondenten.
6) Der Respondent spielt wohl auf das grosse Gesetzbuch des Maimonides mit dem Titel "Mischne Tora" an. Der Hinweis des Hrsg. auf Kap.3 § 1 der Hilchot Ischut leuchtet mir nur bedingt ein.
7) Siehe b Nedarim 5b.

sind uns dessen sicher, dass es nach Rabba geht. Obgleich im Traktat Nasir der Gegensatz genau umgekehrt geschildert wird,[1] haben doch schon die Geonim jene Lesart im Traktat Nasir als Schreiberversehen eingestuft.[2] Wiewohl ich vernommen habe, dass der Meister die Sache als zweifelhaft eingestuft hat,[3] ist doch der grosse Meister Rabbi Natan dahergekommen,[4] hat seine Axt gegen ihn geschleudert und ausführlichst bewiesen, dass die Halacha nach Samuel und Rabba geht. Für jeden, der Einsicht besitzt, reicht das von ihm Geschriebene voll aus. Ausserdem gilt ganz abgesehen von dem einen und dem andern noch folgendes: Selbst wenn man sich auf denjenigen stützen möchte, der bei dem Rechtsgrundsatz bezüglich nicht genügend expliziter Formulierungen mit Ansatzcharakter erschwerend verfahren will, und zwar aufgrund der gegensätzlichen Lesarten,[5] und sie auf einen Scheidebrief verpflichten will, weil ein Zweifels-

---

1) Siehe S.15 Anmerkung 4.

2) Vergl. auch die Standard-Tosafot zu b Nasir 62a und die Anmerkungen des Hrsg. zur Stelle.

3) Der Respondent meint seinen berühmten Zeitgenossen Isaak Ben Josef aus Corbeil, der in der vorliegenden Angelegenheit ebenfalls um ein Rechtsgutachten gebeten worden war, das beim Hrsg. auf S.17ff der Edition unter der Nr.3 publiziert ist. Er vertrat die Ansicht, dass die Antrauung gültig, mindestens aber von zweifelhafter Gültigkeit sei und die junge Frau einen Scheidebrief benötige, wenn sie einen anderen Mann ihrer Wahl ehelichen wolle.

4) Gemeint ist Mordechai Kimchis sonst nicht weiter bekannter Zeitgenosse Natan Ben Moses, der in dem vorliegenden Fall gleichfalls konsultiert worden war. Sein Responsum findet sich beim Hrsg. auf S.1ff der Edition unter der Nr.2.

5) Siehe S.15 Anmerkung 4.

fall vorliege,[1] so könnte das doch bloss da richtig sein, wo wirklich ansatzweise Formulierungen vorliegen, die nur nicht explizit genug sind. Aber bei diesem Rechtsfall, der uns zur Entscheidung angetragen wurde, gibt es doch überhaupt nichts zu bezweifeln! Denn er ist mit dem in der Gemara erwähnten Fall der ansatzweisen Formulierungen, die nicht explizit genug sind,[2] (eigentlich) gar nicht zu vergleichen. Vielmehr ist er von noch viel minderem Rang als jener. Denn dort[3] spricht der Bräutigam eine im Sinne der Anordnung der Weisen (immerhin) teilweise korrekte Formel. ER SAGT ja: SIEHE, DU SOLLST ANGETRAUT SEIN ODER: SIEHE, DU SOLLST ANVERLOBT SEIN (b Kidduschin 5b) und lässt lediglich das Wort "mir" weg. Deswegen gelten diese Worte als ansatzweise Formulierungen, die nur nicht ganz explizit sind. Auf jeden Fall aber bringt der Bräutigam (im Talmudtext) eine der Formulierungen, mit der nach Anordnung der Weisen eine Frau erworben, zur Ehefrau gemacht und der Allgemeinheit verboten wird. Er redet (dort) ja folgendermassen: "Siehe, du sollst angetraut sein" oder "genommen sein" oder "erworben sein." Aber dieser Mann,[4] der gesagt hat: "Siehe, ich gebe ihn[5] dir zur Antrauung" - welche erwerbskräftige Formel hat er denn ausgesprochen, so dass sie durch diesen Akt der Allgemeinheit verboten würde? Infolgedessen braucht man nach Massgabe (meiner) bescheidenen Erkenntnis bei dieser Formulierung[6] nicht den geringsten Zweifel zu he-

---

1) Siehe Anmerkung 3 der vorigen Seite.
2) Es geht um eine Passage aus b Kidduschin 5b. Näheres dazu im Folgenden.
3) Im Talmudtext.
4) Im Ausgangsfall des Responsums.
5) Den Haken.
6) Die der heiratswillige Mann im Ausgangsfall des Responsums verwendet hat. Statt D'T ist im übrigen wohl D'TY zu lesen.

gen, da ja selbst ansatzweise Formulierungen, die nur nicht explizit genug sind, rechtlich gesehen völlig belanglos bleiben. Deswegen darf man hier keinen Scheidebrief für obligatorisch erklären. Denn sonst würde man für die Frau da eine Erschwerung einführen, wo nach der erleichternden Seite hin zu entscheiden ist;[1] UND MAN WÜRDE (ausserdem) SAGEN: DIE ANTRAUUNG IHRER SCHWESTER IST UNGÜLTIG (b Kidduschin 45a).[2] Nach dem zu erkennenden Sachverhalt liegt hier (auch) kein Fall für eine Weigerungserklärung vor.[3]

Es gibt aber noch einen weiteren Grund, ihr völlig freie Hand zu lassen: weil wir klar und ohne Zweifel das Einverständnis der Frau (bei der Antrauung) benötigen - und zwar in der Weise, dass sie erkennt, dass er sie sich antraut, und dass sie sich ihm kraft jener Antrauungszeremonie übereignet. Da dieser Mann aber ihr (zuvor) nicht kundtat, dass er sie sich antrauen wollte, und sie nicht zugegen war, um eine Antrauung an sich vollziehen zu lassen, und zwischen ihnen keine Heirats-

---

1) Das heisst: Die Frau darf direkt so neu heiraten, wen sie möchte, und ist auf die Ausstellung eines Scheidebriefs durch Ruben nicht angewiesen.

2) Würde Hanna von Ruben nur durch einen Scheidebrief freikommen, wäre es Ruben für die Zukunft verwehrt, eine der Schwestern Hannas zu ehelichen. Man darf nämlich nach jüdischem Recht die Schwester einer Frau, von der man sich hat scheiden lassen, nicht heiraten, solange die Geschiedene noch lebt.

3) Ein vaterloses minderjähriges Mädchen, das die Mutter oder die Brüder jemandem zur Ehefrau gegeben haben, kann bis zum Eintritt der Volljährigkeit durch eine Weigerungserklärung, die Ehe fortsetzen zu wollen, jederzeit aus der Verbindung ausscheiden. Dieser Fall liegt hier ganz gewiss nicht vor, wie der Respondent ausdrücklich anmerkt.

vorgespräche stattgefunden hatten, und sie sich zudem (bei der Tafelrunde) mit jenem Thema gar nicht beschäftigten, er aber auch noch die Formel, die die Antrauungswilligen sprechen, in nachteiliger Weise abänderte - woher sollte sie da erkannt haben, was er zu ihr sagte, dass sie sich ihm übereignen und ihm angetraut sein solle? Bei einem Fall wie diesem kann sie doch wahrlich sagen, dass sie nicht erkannte, was er zu ihr sprach,[1] und überhaupt nicht begriff, dass er ihr den Gegenstand zur Antrauung überreichte. Es bedarf weder einer Gerichtsverhandlung noch eines Richters, um die absolute Rechtsungültigkeit des Vorgangs zu konstatieren. Wenn du nämlich nicht dieser Meinung bist, dann sind die Töchter Israels so schutzlos wie herrenloses Gut.[2] Doch unsere Meister verordneten etliche Dinge, damit die Töchter Israels nicht so schutzlos wie herrenloses Gut dastehen und nicht als Frauen an einen abwesenden Mann gebunden sind.[3]

Bedeutenderes aber als dies hat Raschi, dessen Andenken gesegnet sei, im ersten Kapitel des Traktats Kidduschin zu folgender Stelle geschrieben: ES WURDE GEFRAGT: WIE VERHÄLT ES SICH, (wenn er sagt:) DU SOLLST GANZ SPEZIELL FÜR MICH BESTIMMT SEIN, (oder:) DU SOLLST MEINE HILFE SEIN, (oder:) DU SOLLST FÜR MICH ERGRIFFEN SEIN, (oder:) DU SOLLST FÜR MICH EINBEHALTEN SEIN (b Kidduschin 6a) usw..[4] Sodann wird in der Gemara gefragt: MIT WAS FÜR

---

1) Mit dem Hrsg. ist LYH in LH zu verbessern.

2) Das sich jeder nach Belieben und ohne grosse Formalitäten aneignen darf.

3) Wenn Hanna von Ruben einen Scheidebrief benötigen würde, um von ihm loszukommen, und er ihr die Ausstellung des Dokumentes verweigern würde, könnte sie keinen anderen Mann mehr ehelichen. Doch diese Sachlage ist hier gerade nicht gegeben.

4) Sind solche Antrauungsformeln rechtsgültig?

UMSTÄNDEN HABEN WIR ES (bei derartigen Formulierungen) ZU TUN? SOLL MAN ETWA SAGEN: WENN ER (vorher) MIT IHR ÜBER IHRE ANTRAUUNG NICHT REDETE, WOHER SOLL IHR DANN BEWUSST WERDEN, (WAS ER ZU IHR SAGT?)(b Kidduschin 6a).[1] Raschi hat das so kommentiert: SELBST WENN DIESE FORMULIERUNGEN ALS ANTRAUUNGSFORMEL VERSTANDEN WERDEN KÖNNEN, WIRD SIE IHM ALLEIN (durch das Sprechen derselben) NICHT ANGETRAUT, WEIL IHR JA GAR NICHT BEWUSST WIRD, WAS ER DA ZU IHR SAGT, DASS SIE WILLENS WÄRE, SICH VON IHM ANTRAUEN ZU LASSEN. DENN ER REDETE (doch zuvor) ÜBER IHRE ANTRAUUNG NICHT. Somit hat Raschi also seiner Meinung Ausdruck verliehen, dass immer dann, wenn man[2] ihr nicht von Anfang an seine Absicht kundgetan hat, (sie sich antrauen zu wollen), sie ihm selbst dann nicht angetraut wird, wenn er ihr gegenüber eine ganz vorzügliche Formulierung verwendet hat.[3] Sie kann nämlich sagen, dass ihr nicht bewusst geworden ist, was er da zu ihr gesprochen hat. Es geziemt sich überall, sich auf Raschi zu verlassen, dessen Andenken gesegnet sei. Das gilt erst recht bei einer gezwungen klingenden, minderwertigeren und mangelhafteren Formulierung, wie sie bei diesem Mann hier vorliegt,[4] der seine Formel in abgeänderter Fassung vortrug. JEDER ABER, DER (etwas fest Vorgegebenes willkürlich) ABÄNDERT, BEFINDET SICH RECHTLICH IM NACHTEIL (M Baba Metziʿa VI,2).* So haben es auch zahlreiche bedeutende Persönlichkeiten von Raschis Rang geschrieben, deren Andenken gesegnet sei. Weil ich nun sehe, was Raschi, dessen Andenken gesegnet sei, und andere bedeutende Persönlichkeiten geschrieben

---

1) Sofern er eine der umseitig referierten Formulierungen zu Antrauungszwecken benutzt.

2) Statt HWDYʿWH ist vielleicht HWDYʿH zu lesen. Handelndes Subjekt wäre dann der Heiratskandidat.

3) Die eigentlich rechtswirksam wäre.

4) Im Ausgangsfall des Responsums.

haben, nämlich Dinge[1] voller Einsicht und Erkenntnis, müsste ich, wenn ich nicht solche Ehrfurcht vor den Meistern und ihren Kollegen hätte, sagen, dass alles, was man in der Gemara zu den Formeln ausgeführt hat, durch die eine Frau unstrittig oder zweifelhaft angetraut wird, nur auf die früheren Generationen bezogen war. Damals nämlich verstanden alle die heilige Sprache, selbst Frauen, Sklaven und Sklavinnen. Die Frauen wussten, welche Formulierung eine unzweideutige Antrauungsformel ohne irgendeinen Zweifel darstellte und welche Formulierung als zweifelhaft gelten konnte, weil sie (auch) auf einen anderen Sinnzusammenhang gedeutet werden konnte. Auf dem Hintergrund dieser Sachlage hat man in der Gemara gesagt, dass wenn jemand gegenüber der Frau eine Formulierung verwendet, die unzweideutig und ohne jeden Zweifel als Antrauungsformel zu verstehen ist, sie dann auch wirklich angetraut ist. Wir dürfen nämlich wirklich sagen, dass wenn sie die Formulierung versteht und das Antrauungsgeld entgegennimmt, sie sich (ihm) ganz und gar übereignet.

Weil es aber in der Gegenwart so ist, dass wegen unserer Sünden die Mehrheit unserer Söhne und Töchter Romanisch, Arabisch, Griechisch bezw. die Sprache des jeweiligen Volkes spricht[2] und selbst die Mehrheit der Männer kein Hebräisch[3] mehr zu sprechen versteht – wie können wir dann sagen, dass die Frauen jene Formeln verstehen, die in der Gemara besprochen sind, und dass sie sich (dem Mann) übereignet, sofern man ihr nicht von Anfang an kundgetan hat, dass er sie sich antrauen will? Hat man ihr dies aber nicht von Anfang an kundgetan, woher soll sie dann erkennen, was er da zu ihr spricht? Wie

---

1) Vielleicht ist DBR in DBRY zu ändern.

2) Israel hat sich in seinem Sprachverhalten zu leicht der jeweiligen nichtjüdischen Mehrheitsbevölkerung angepasst.

3) YHWDYT kann auch das Aramäische mit umfassen.

können wir, wo wir doch ihr Einverständnis benötigen, (bei solcher Sachlage) sagen, dass sie sich (ihm) ganz und gar übereignet? Kann er sie sich denn bloss durch eine dahergemurmelte Formel als Frau antrauen, wenn[1] sie ihn nicht versteht, dass sie sich gänzlich übereignet,[2] um ihm angetraut zu werden? Kommt nämlich ein Betrüger zu einer Frau UND SAGT ZU IHR: NIMM DIESE SELAMÜNZE[3] ALS VERWAHRGUT ZU DIR HEIM! UND SPRICHT ER DANN ZUM ZEITPUNKT DER GELDÜBERGABE ABGEÄNDERT (b Kidduschin 12b): "Hierdurch sollst du an mich gebunden sein!" - was selbst für die meisten Männer keine geläufige Redeweise darstellt - und waren dort Zeugen zugegen, die weder erkannten noch verstanden, was er da zu ihr sprach, ob er nun Aramäisch oder Arabisch oder Griechisch mit ihr redete; und wenn erst recht sie selbst weder verstand noch erkannte, was er da zu ihr sprach - wie könnten wir in solch einem Fall behaupten, dass diese Frau angetraut ist? Weder sie noch die Zeugen haben doch erkannt, was er da zu ihr sprach! Wenn ich nicht solche Ehrfurcht vor den Meistern empfände, müsste ich folgendes sagen: Jeder, der in der heutigen Zeit eine Antrauung an einem Ort vollziehen will, wo die Frauen die heilige Sprache nicht verstehen und wo man sie entweder nicht von Anfang an in Kenntnis (über die beabsichtigte Antrauung) gesetzt hat oder sie nicht ausdrücklich zu diesem Zweck herbestellt hat oder wo er (nicht) in der fremden Sprache[4] auf eine Art zu ihr spricht, dass sie erkennt, dass er sie sich antraut - da müsste ich eigentlich sagen, dass wir die Antrauung eines jeden, der sich über diese Angelegenheit(en) hinwegsetzt,

---

1) Ist statt GM hier vielleicht ein ʾM zu lesen?

2) Vor NFŠH müsste MQNYʾ ergänzt werden.

3) Mischnisch - talmudische Währungsbezeichnung.

4) Die gesprochene, nichthebräische Umgangssprache ist gemeint.

für nichtig erachten sollten. Es ist doch zweifellos so: Weil wir uns dessen sicher sind, dass die Frau nur mit ihrem eigenen Einverständnis angetraut werden kann und wir ihr Einverständnis unzweifelhaft benötigen, ginge der Vorgang[1] sogar weit über eine Nötigung hinaus. Denn selbst wenn es nach Amemar gehen soll,[2] (in dessen Namen) man im Abschnitt ḤZQT HBTYM sagt: FOLTERT MAN SIE[3] UND VOLLZIEHT ER HERNACH DIE ANTRAUUNG, SO IST SEINE ANTRAUUNG RECHTSGÜLTIG (b Baba Batra 48b) - so ist es dort der Mann, der (faktisch) das Jawort gibt[4] und gewillt ist, dass sie sich infolge der ausgeübten Nötigung (ihm) ganz und gar übereignet. Der Vorgang hier jedoch[5] geht über eine Nötigung wahrhaftig hinaus. Kein Gelehrter wird hier sagen dürfen, dass dies als Antrauung gelten soll. Um so mehr dürfen wir Rav Assi[6] zufolge, der dort[7] sagt, dass die Frau nicht angetraut sei, da der Mann ungehörig gehandelt habe, genauso sagen, dass man da, wo ein Mann eine Frau mit einer Formulierung betrügt, die sie nicht erkennt, obwohl es sich um eine ganz vorzüg-

---

1) Statt HYʾ ist HWʾ zu lesen. Gemeint ist der Vorgang einer betrügerischen Antrauung, bei dem die Frau ohne Wissen, um was es sich handelt, in die Falle gelockt wird.
2) Im hebräischen Text ist nachfolgend mit dem Hrsg. eine Dittographie zu tilgen.
3) Und erzwingt so ihre Einwilligung zur Antrauung.
4) Das sonst eigentlich der Frau bei der Antrauungszeremonie zufällt.
5) Mit dem Hrsg. ist ein ʾBL zu ergänzen.
6) Im Textus receptus des Talmuds lautet der Name auf Mar Bar Rav Aschi. Siehe schon den Hrsg. zur Stelle. Vielleicht kommt hier wieder eine Besonderheit der provençalisch - jüdischen Textüberlieferung zum Vorschein.
7) Im Falle der durch Ausübung von Zwang angetrauten Frau.

liche (Antrauungs-)Formel handelt, sich nicht im Geringsten um die eventuelle Rechtsgültigkeit seiner Antrauung kümmern muss.[1] Es ist wirklich so, dass ich eine halachische Lehrentscheidung (anderer) mit Ehrfurcht behandele. Dies ist gar nicht verwunderlich, da es mir ja nicht zukommt, halachische Lehrentscheidungen zu fällen. Doch wenn mir ein Fall wie dieser angetragen wird,[2] wo ein Mann eine Frau betrügt und wo wir selbst unter der Voraussetzung, dass er ihr gegenüber eine vorzüglich geeignete Formel verwendet, zu der Schlussfolgerung kommen müssen, dass sie sie nicht (so) verstanden hat, und ich eine Autorität ausfindig machen konnte, die mir zustimmt, muss ich der Frau (eine beliebige Neuheirat) erlauben, ohne dass sie dazu irgendeines Scheidebriefes bedarf.

Noch Gewichtigeres als dies hat unser Meister Hai Gaon, dessen Andenken zweifach gesegnet sei, in einer Antwort auf eine Anfrage geschrieben: ES IST SCHON ETLICHE JAHRE HER, DASS MAN IN KHORASSAN[3] DIE ANTRAUUNG MIT EINEM RING IM BANKETTHAUS (der Gemeinde) UND DERGLEICHEN ÖRTLICHKEITEN VORZUNEHMEN PFLEGTE, WORAUFHIN SICH KLAGEN UND LEUGNUNGEN WEGEN DER ANTRAUUNGSZEREMONIE HÄUFTEN.[4]

---

1) Sie ist ungültig.

2) Der Ausgangsfall im Responsum ist gemeint.

3) Also bei den Juden im nordöstlichen Iran und weiter darüber hinaus.

4) Das heisst: Die Antrauungen, bei denen die Bräutigame den Bräuten einen Ring an den Finger steckten, liefen unter weitgehender Missachtung halachischer Formvorschriften ab, die aber nicht spezifiziert werden. Als dann die Brauteltern bezw. die Braut auf Hochzeit, Heimführung und Ausstellung der Ketubba drängten, weigerten sich vielfach die Männer mit dem Argument, dass die Antrauung fehlerhaft gewesen und somit rechtsungültig sei.

DA VERORDNETE IHNEN UNSER ALTEHRWÜRDIGER HERR UND MEISTER JEHUDA, DASS SIE DIE ANTRAUUNG AUSSCHLIESSLICH NACH BABYLONISCHEM RITUS[1] VORNEHMEN SOLLTEN, ALSO UNTER AUSHÄNDIGUNG DER KETUBBA, DER UNTERSCHRIFT DER ZEUGEN (darauf) UND UNTER REZITATION DES ANTRAUUNGSSEGENS.[2] NACH SEINER VERORDNUNG SOLLTE MAN SICH UM DIE RECHTSGÜLTIGKEIT DER ANTRAUUNG EINES JEDEN, DER SIE NICHT NACH DIESEM RITUS VORGENOMMEN HABE, NICHT IM GERINGSTEN KÜMMERN,[3] SO WIE WIR JA FOLGENDES SAGEN: JEDER, DER DIE ANTRAUUNG VOLLZIEHT, VOLLZIEHT SIE IM EINKLANG MIT UNSEREN RABBINEN; UND UNSERE RABBINEN HABEN SEINE ANTRAUUNG (speziell) FÜR NICHTIG ERKLÄRT (b Jebamot 90b)*.[4] AUCH IHR SOLLT DERARTIGES VERORDNEN. Soweit das Zitat. Ferner lernen wir bei dieser Art von minderwertigen Antrauungen, dass man ihnen keinerlei Beachtung zu schenken braucht, wenn es wirklich wahr ist, was ich über einen von den Zeugen vernommen habe: dass er im Verdacht steht, alle nur möglichen Formen des Bösen zu praktizieren.[5] Und weil er im Verdacht steht, ein biblisches Verbot[6] zu missachten, können wir somit eine Zeugenaus-

---

1) Mit einer Variante in der Textüberlieferung des auch anderweitig bekannten Responsums ist statt BKL ein BBL zu lesen. Siehe schon den Hrsg. zur Stelle.
2) Damit wird nur die Antrauung abgewickelt. Die Hochzeit folgt zeitlich getrennt zu einem späteren Zeitpunkt.
3) Eine nicht nach babylonischem Ritus erfolgte Antrauung wird von dem genannten Jehuda für ungültig erklärt.
4) Der Hrsg. hat die Stelle aus Versehen im Apparat nicht verzeichnet.
5) Einer der Zeugen im Ausgangsfall des Responsums, wahrscheinlich der für unglaubwürdig erklärte, steht im Verdacht, jüdische Gesetze zu missachten. ʾKL steht im aramäischen Text für ʿL KL!
6) Mit dem Hrsg. ist DRBNN zu DʾWRYYTʾ abzuändern.

sage von ihm nicht annehmen. Wir benötigen bei solchen Personen nicht einmal eine öffentliche Proklamation (ihrer Zeugnisunfähigkeit vor dem jüdischen Gerichtshof).[1] Dies gilt um so weniger bei einem so abscheulichen Sachverhalt, wie er hier vorliegt.[2] Den Ausführungen unseres Gaons und Meisters Al-Fasi, dessen Andenken gesegnet sei, ist zu entnehmen, dass ein Angehöriger der gemeinen, ungebildeten (jüdischen) Bevölkerung bei dem blossen Verdacht (auf die Missachtung ganz schwerwiegender Gesetze) disqualifiziert (für das Zeugenamt) ist und wir kein hochqualifiziertes Zeugnis brauchen, um ihn (als für das Zeugenamt) untauglich zu erklären. Denn der Gaon bezieht das, was im Traktat Pesachim geschrieben steht,[3] auf den entsprechend Verdächtigten. Und wenn es vollkommen einwandfreie Zeugen gibt, die über ihn aussagen, dass er des Diebstahls und des Raubes verdächtig ist, was soll dann noch das Argument, er gehöre zur gemeinen, ungebildeten (jüdischen) Bevölkerung? Selbst wenn er nicht zur gemeinen, ungebildeten (jüdischen) Bevölkerung gehört, ist er (auf Grund eines solchen Verdachtes für das Zeugenamt) disqualifiziert.[4] Der(selbe) Gaon, dessen Andenken gesegnet sei, hat in einem Responsum geschrieben, dass man die Antrauung desjeni-

---

1) Die Talmudstelle, die die öffentliche Proklamation der Zeugnisunfähigkeit bestimmter Personen kraft rabbinischen Rechts bei Gericht behandelt, ist nicht b Sanhedrin 27b, sondern 26b.

2) Vergl. Anmerkung 4.

3) Nach b Pesachim 49b ist der ungebildete Rohling zur Entgegennahme oder Abgabe einer Zeugenaussage ungeeignet. Al-Fasi will dies in seinen Halachot zur Stelle nur für jenen Rohling gelten lassen, der ganz schwerer Gesetzesübertretungen verdächtigt wird.

4) Das richtet sich kritisch gegen Al-Fasis Ausführungen zur Stelle, könnte aber auch auf den Zeugen im Ausgangsfall des Responsums gemünzt sein.

gen, der sich vor Zeugen antraut, die bloss nach rabbinischem Recht als Zeugen nicht geeignet sind, als nichtig ansehen soll,[1] wiewohl es Leute gibt, die anderer Meinung als er sind und Rav Acha geschrieben hat, dass man seine Antrauung zu respektieren habe.[2] So wird es (auch) im Buch des Meisters aus Barcelona[3] bei den Gesetzen über untaugliche Zeugen im Namen unseres Meisters Hai Gaon gesegneten Andenkens und im Namen von Herrn Jehudai Gaon erklärt:[4] NUR WENN DIE BEIDEN (Eheleute die Antrauung) BEKENNEN UND ES GANZ KLAR IST, DASS SIE FORMVOLLENDET GEMÄSS DER ANORDNUNG DER WEISEN ANGETRAUT WURDE, DÜRFEN DIE ZEUGEN LEDIGLICH NACH RABBINISCHEM RECHT UNTAUGLICH SEIN, NICHT ABER NACH BIBLISCHEM GESETZ.[5] WENN ABER DIE FRAU (bei solch einer Sachlage)

---

1) Von diesem Responsum Al-Fasis ist auch bei anderen mittelalterlichen Autoritäten die Rede. Siehe den Hrsg. zur Stelle.

2) Acha oder Achai von Schabcha verfasste im 8.Jahrhundert ein in zahlreichen Rezensionen überliefertes halachisches Kompendium in aramäischer Sprache mit dem Titel "Sche'iltot", aus dem der Respondent direkt oder mittelbar zitiert. In den mir verfügbaren Druckfassungen ist die Angabe nicht verifizierbar, wohl aber aus anderen Quellen unter seinem Namen. Siehe auch den Hrsg. zur Stelle.

3) Es muss ein nicht publiziertes Werk Jehuda Ben Barzillais gemeint sein, der in Barcelona im 11. und 12.Jahrhundert als bedeutender Gesetzeslehrer wirkte. Der Hrsg. äussert sich hierzu nicht weiter.

4) Jehudai Gaon wirkte im 8.Jahrhundert in Sura und Pumbedita im Irak. Er gilt als möglicher Autor des Kompendiums "Halachot Pesukot" und verfasste Responsen.

5) Sind die Zeugen nicht nach rabbinischem, sondern nach biblischem Recht untauglich, muss die Antrauung in jedem Fall als ungültig angesehen werden.

DEN TATBESTAND LEUGNET UND SAGT: ICH WURDE NICHT ANGETRAUT!, DANN IST SIE SELBST DANN NICHT ANGETRAUT, WENN DER VORGANG IN GEGENWART VON LEUTEN GESCHAH, DIE BLOSS NACH RABBINISCHEM RECHT ALS ZEUGEN NICHT GEEIGNET SIND. SIE BEDARF DANN KEINES SCHEIDEBRIEFES. SELBST WENN EIN ZEUGE GESETZLICH GEEIGNET GEWESEN WÄRE, DER ZUSAMMEN MIT EINEM NACH RABBINISCHEM RECHT UNGEEIGNETEN ZEUGEN ZUGEGEN WAR, SOLL MAN (bei Leugnung der Frau) DIE ANTRAUUNG DES MANNES NICHT ANERKENNEN. Soweit das Zitat. Obwohl unser Meister Moses Maimonides, dessen Andenken gesegnet sei, geschrieben hat, dass man einer solchen Antrauung Beachtung schenken soll,[1] verdienen es unser Meister Hai, unser Meister Al-Fasi und der Herr Rav Jehudai Gaon dennoch, dass man sich auf sie stützt. Das gilt um so mehr in einem Fall wie diesem,[2] wo die Antrauung nicht einmal gemäss der Vorschrift der Weisen abgewickelt wurde und wo in einem ganz wesentlichen Punkt ein Zweifel besteht: wie sie nämlich die Übergabe (des Gegenstandes) handhabten.

Da sie ferner etliche Dinge ausgesagt haben,[3] die nicht dem entsprechen, was sie mit ihrer Unterschrift in der Urkunde besiegelten,[4] treibt doch einer von ihnen fin-

---

1) Maimonides schreibt in den Hilchot Ischut Kap.4 § 6 seiner Mischne Tora, dass eine Frau, die vor Zeugen angetraut wurde, die nach rabbinischem Recht dazu ungeeignet sind, und die den Sachverhalt leugnet, dennoch einen Scheidebrief vom Mann benötigt, wenn sie ihn nicht zum Mann haben will. Die Antrauung sei immerhin von zweifelhafter Gültigkeit.

2) Der Ausgangsfall des Responsums ist gemeint.

3) Statt ŠHY' ist mit dem Hrsg. ŠHM zu lesen.

4) Ruben und die Zeugen fertigten über den Hergang der Antrauung wohl ganz kurz danach eine Urkunde an. Es dürfte sich dabei um einen Schetar Kabbalat ‹Edut gehandelt haben. Siehe auch den nachfolgenden Kontext.

steren Betrug. Ihn[1] stützt eine Aussage, an der nichts dran ist. Ferner sagt bei einer Gelegenheit einer[2] der Zeugen kraft Eides und unter Ergreifung eines (heiligen) Wertgegenstandes vor dem jüdischen Gerichtshof aus, dass die genannte Hanna den Haken gegriffen habe, den ihr der Mann gezeigt habe,[3] und er in ihre Hand gelangt sei, indem sie nach ihm gehascht habe.[4] Bei anderer Gelegenheit aber sagen (beide), dass Ruben ihr den Haken gegeben habe, ohne dass sie danach haschte.[5] All das ist so wiedergegeben, wie in der Verfügung des jüdischen Gerichtshofes beschrieben. Deswegen können wir wahrhaftig sagen, dass man diese Sache unausweichlich als Rechtsstreit behandeln muss, bei dem ein Betrugsverdacht vorliegt. Und weil es nach Massgabe meiner bescheidenen Erkenntnis sich so verhält, hätte der jüdische Gerichtshof die Zeugen ins Kreuzverhör nehmen und ausforschen sollen, obwohl wir im Traktat Jebamot sagen: MAN PRÜFT ZEUGEN

---

1) Ruben, den antrauungswilligen Mann.
2) Mit dem Hrsg. ist ʾḤD zu ergänzen.
3) Statt RʾHW ist doch wohl HRʾHW zu lesen. Dass ein Zeuge anders als in der traditionellen Halacha seine Aussage unter Eid bekräftigt, reflektiert eine mittelalterliche, nachtalmudische Rechtsentwicklung. Traditionell wurden Zeugen nämlich bloss dann vereidigt, wenn sie behaupteten, zur Sache nichts aussagen zu können. Dieses Nichtwissen hatten sie zu beschwören, nicht aber inhaltliche Aussagen.
4) Diese Version bringt das von dem schon weiter oben erwähnten Natan Ben Moses erteilte Responsum zum selben Fall, das der Hrsg. in § 2 seines Werkes ediert hat. Siehe dort auf S.12.
5) Dies entspricht sowohl der dem Respondenten selbst als auch der seinem Kollegen Isaak Ben Isaak von Chinon präsentierten Version. Siehe § 5 S.25 in der Edition des Hrsg..

BEI FRAUENRECHTLICHEN ANGELEGENHEITEN NICHT DURCH AUSFORSCHUNG UND KREUZVERHÖR, WÄHREND RABBI AKIBA SAGT: MAN PRÜFT ZEUGEN BEI FRAUENRECHTLICHEN ANGELEGENHEITEN DURCH AUSFORSCHUNG UND KREUZVERHÖR (b Jebamot 122b).[1] Ausserdem sagen wir dort: BEZÜGLICH EINER REGELUNG RABBI CHANINAS SIND SIE VERSCHIEDENER MEINUNG.[2] (RABBI CHANINA SPRACH NÄMLICH: VON DER TORA HER MÜSSEN SOWOHL ZAHLUNGSSTREITIGKEITEN ALS AUCH SCHWERE STRAFDELIKTE UNTER AUSFORSCHUNG UND KREUZVERHÖR <der Zeugen> VERHANDELT WERDEN; DENN ES HEISST: EINERLEI RECHT SOLLT IHR PRAKTIZIEREN (Lev.24,22). AUS WELCHEM GRUND HAT MAN DANN GESAGT, DASS ZAHLUNGSSTREITIGKEITEN OHNE AUSFORSCHUNG UND KREUZVERHÖR <der Zeugen> VERHANDELT WERDEN DÜRFEN? DAMIT MAN VOR DEN DARLEHENSEMPFÄNGERN DIE TÜR NICHT ZUMACHT.[3] WORIN LIEGT NUN DER MEINUNGSUNTERSCHIED? NUN, DER EINE HERR IST FOLGENDER MEINUNG:)[4] WEIL DIE FRAU EINE KETUBBA ZU EMPFANGEN HAT, SIND SIE BETREFFENDE ANGELEGENHEITEN WIE ZAHLUNGSSTREITIGKEITEN ZU BEHANDELN[5] (b Jebamot 122b). Handelt es sich aber um einen Streitfall, wo ein Betrugsverdacht vorliegt,[6] benötigen wir

---

1) Der Textus receptus des Talmuds lautet hier etwas anders; siehe schon den Hrsg. zur Stelle.
2) Der nachfolgend in Klammern gesetzte Text ist aus dem Talmud zu ergänzen, der hier nur abgekürzt zitiert wird.
3) Wenn die Gläubiger unter grossem prozessualem Aufwand die Schuldner zur Rückzahlung der Darlehen zwingen müssen, mindert dies die Bereitschaft, Kredite (im innerjüdischen Geschäftsverkehr!) überhaupt zu gewähren.
4) Die ganz am Anfang anonym zitierte Ansicht ist gemeint. Im Folgenden setzt der Talmudtext im Responsum wieder ein.
5) Also im Prinzip ohne ausführliches Zeugenverhör.
6) Es geht um die Zahlungsstreitigkeiten.

(schon dort) die Ausforschung und das Kreuzverhör (der Zeugen).[1] In der Tat muss man bei Zeugen für frauenrechtliche Angelegenheiten wegen des Geldaspektes, der in der Ketubba besteht, genauso vorgehen:[2] Weil wir bei einer Geldangelegenheit im Falle eines Betrugsverdachts Ausforschung und Kreuzverhör (der Zeugen) benötigen, bedürfen wir dessen auch bei Zeugen für frauenrechtliche Angelegenheiten (, sofern ein Betrugsverdacht vorliegt). Zu Fällen dieser Art haben unsere Meister, über denen Friede sei, folgendes gesagt: WENN DU BEI EINEM RECHTSSTREIT ERKENNST, DASS BETRUG IM SPIELE IST,[3] - WOHER LÄSST SICH ABLEITEN, DASS DER RICHTER NICHT SAGEN SOLL: ICH ENTSCHEIDE DEN FALL, WOBEI DIE ZEUGEN DIE VERANTWORTUNG TRAGEN?[4] NUN, DER SCHRIFTTEXT SAGT: HALTE DICH VON EINER LÜGENHAFTEN AUSSAGE FERN! (Ex.23,7 - b Schebu'ot 30b - 31a) Obwohl die Zeugen[5] vor dem jüdischen Gerichtshof Dinge ausgesagt haben, die nicht dem entsprechen, was sie mit ihrer Unterschrift in der Urkunde besiegelt haben, und obwohl wir sagen müssten, dass wir ihre mündliche Darstellung nicht mehr akzeptieren können, weil wir uns sicher sind, dass nach Resch Lakisch zu gehen ist, der gesagt hat: BEI ZEUGEN, DEREN UNTERSCHRIFT AUF EINER URKUNDE STEHT, VERFAHREN WIR, ALS OB

---

1) Vergl b Sanhedrin 32b.

2) Falls der Bräutigam nach der Antrauung eine Ketubba hat aufsetzen lassen, bekommt die Frau den darin festgesetzten Betrag ausgezahlt, sofern er sich noch vor der Hochzeit von ihr scheiden lässt oder scheiden lassen muss. Die Gültigkeit der Antrauung ist natürlich eine wesentliche Voraussetzung für den Anspruch der Frau.

3) Weil die Zeugen offenkundig falsch aussagen.

4) Dafür, dass das Urteil auf ihrer Aussage zur Sache basiert, die offenkundig unwahr ist.

5) Im Ausgangsfall des Responsums.

IHRE ZEUGENAUSSAGE DURCH GERICHTLICHE AUSFORSCHUNG ZUSTANDE GEKOMMEN WÄRE (b Gittin 3a), und der einzelne Zeuge, nachdem er den Sachverhalt dort bekundet hat, seine Bekundung (eigentlich) nicht mehr revidieren kann, müssen wir dennoch folgendes sagen: Diese Bestimmung gilt nur dann, wenn sie (bei mündlicher Aussage) gänzlich umstossen, was sie mit ihrer Unterschrift besiegelt haben. Wenn sie ihr schriftliches Zeugnis aber nicht gänzlich umstossen, gilt diese Vorschrift nicht.[1] Ferner hätte bei einer Zeugenaussage wie dieser Ruben gleich zu Anfang seine Zeugen zum jüdischen Gerichtshof bringen müssen, um ihre Zeugenaussage aufnehmen zu lassen. Der jüdische Gerichtshof hätte sie dann in geziemender Weise ausforschen müssen. Das wäre mehr gewesen als der Vorgang, dass sie (bloss) persönlich mit ihrer Unterschrift (irgendetwas) besiegeln. Mit Blick auf einen derartigen Fall lernen wir: AUS IHREM MUNDE, NICHT AUS DEM, WAS SIE GESCHRIEBEN HABEN, (muss die Zeugenaussage kommen) (b Gittin 71a).[2] Fernerhin gilt: Wenn man sagt: BEI ZEUGEN, DEREN UNTERSCHRIFT (auf einer Urkunde) STEHT, VERFAHREN WIR, ALS OB IHRE ZEUGENAUSSAGE DURCH EINE GERICHTLICHE AUSFORSCHUNG ZUSTANDEGEKOMMEN WÄRE (b Gittin 3a), so gilt diese Bestimmung (lediglich) bei Zeugen, die wissen und verstehen, was sie da unterschreiben, die sich genau auszudrücken verstehen und deren Urkunde nach Vorschrift der Weisen angefertigt wurde. Aber bei Zeugen wie diesen hier beweist doch

---

1) Ergeben sich bei der mündlichen Darstellung des Sachverhaltes durch die Zeugen bei Gericht gewisse Unstimmigkeiten gegenüber dem urkundlich dargestellten Geschehnisablauf, wird damit die Aussagekraft des Dokumentes erschüttert.

2) Das heisst: Statt der privaten Beurkundung hätte im Ausgangsfall des Responsums eine ausführliche gerichtliche Befragung der Zeugen stattfinden müssen.

schon die Formulierungsweise ihres Schriftstücks, dass sie überhaupt keine Ahnung haben. Sie haben nämlich geschrieben: "Wir, deren Unterschriften unten stehen", und haben den Antrauungswilligen mit ihnen unterschreiben lassen. Ferner haben sie geschrieben: "Es sprach zu ihr der und der", wo aber der Name eines der Zeugen erscheint. Ferner haben sie nicht geschrieben, für wen sie die Urkunde unterzeichneten. Bei derartigen Leuten gilt: Selbst wenn sie von Grund auf umstossen, was sie (im Dokument) gesagt haben, so können sie das tun; und wir müssten akzeptieren, was sie vor dem jüdischen Gerichtshof aussagen. Denn alles, was sie unterschrieben haben, ist in Anbetracht der Tatsache, dass es nicht gemäss der Vorschrift der Weisen geschah, bloss eine Erzählung in Worten, die sie zurücknehmen und neu schildern dürfen. Wir lernen ja aus dem Jerusalemer Talmud im Kapitel Hʾ̌SH ŠNTʾRMLH, sowie aus Baraitasätzen zum Traktat Ketubbot[1] und zum Traktat Sanhedrin[2] folgendes: WENN ZEUGEN EINE AUSSAGE MACHEN, IN DER SIE JEMANDEN FÜR UNREIN ODER REIN, FÜR VERBOTEN ODER ERLAUBT, FÜR NICHTVERWANDT ODER VERWANDT, FÜR UNSCHULDIG ODER FÜR SCHULDIG ERKLÄREN, SO GILT: SOLANGE IHRE ZEUGENAUSSAGE NICHT DURCH GERICHTLICHE AUSFORSCHUNG ZUSTANDEGEKOMMEN IST UND SIE VORHER SAGEN: WIR LÜGEN (mit dem, was wir ausgesagt haben), DARF IHNEN GLAUBEN GESCHENKT WERDEN.[3] SAGEN SIE ABER, NACHDEM IHRE ZEUGENAUSSAGE DURCH GERICHTLICHE AUSFORSCHUNG ZUSTANDEGEKOMMEN IST: WIR LÜGEN (mit dem, was wir ausgesagt haben), DARF IHNEN KEIN GLAUBEN GESCHENKT WERDEN.[4] (j Ketubbot II,3 u. a.) Soweit das Zitat. Wahrlich, eine jede Urkunde,

---

1) Siehe Tosefta Ketubbot II,1.
2) Siehe Tosefta Sanhedrin VI,5 (und nicht VI,6, wie vom Hrsg. angegeben).
3) Dass sie bei ihrer ersten Darstellung gelogen haben.
4) Dass sie vor Gericht gelogen haben.

die nicht in geziemender Weise abgefasst ist, ist so anzusehen, als ob ihre darin enthaltene Zeugenaussage nicht durch gerichtliche Ausforschung zustande kam. Hier dürfen wir sie noch einmal ausforschen und den Fall aufgrund ihrer mündlichen Aussage beurteilen. Ähnlich hat schon der Gaon Al-Fasi in einem Responsum zum Problem der Aufnahme einer Zeugenaussage geschrieben: WENN VOR DEN JÜDISCHEN GERICHTSHOF EINE URKUNDE ÜBER EINE AUFGENOMMENE ZEUGENAUSSAGE KOMMT UND DIE ZEUGEN IN JENER STADT WOHNEN, SIEHT MAN DANACH, OB JENE, DIE DIE ZEUGENAUSSAGE AUFGENOMMEN HABEN, ERFAHRUNG IN DER GENAUEN PRÜFUNG VON ZEUGEN UND IHRER AUSFORSCHUNG HABEN. (Ist dies der Fall,) GEHT MAN NACH DER URKUNDE UND KÜMMERT SICH NICHT UM DIE AUSSAGE DER ZEUGEN (ausserhalb des urkundlichen Rahmens). IST DIES ABER NICHT DER FALL, VERLÄSST MAN SICH NICHT AUF DIE AUFGENOMMENE ZEUGENAUSSAGE UND IHRE NIEDERSCHRIFT, SONDERN AUF DIE ZEUGEN SELBST.[1] Soweit das Zitat.[2] Ausserdem wenden wir den Grundsatz: WIR VERFAHREN, ALS OB IHRE ZEUGENAUSSAGE DURCH GERICHTLICHE AUSFORSCHUNG ZUSTANDE GEKOMMEN WÄRE (b Gittin 3a) nur an,[3] wenn die Urkunde (durch eine offizielle Bestätigung) beglaubigt ist oder die Handschrift der Zeugen sich auch noch aus anderen Dokumenten identifizieren lässt. Aber bei einer

---

1) Das Responsum ist unter anderem Namen auch sonst in der halachischen Literatur nachweisbar. Siehe den Hrsg. zur Stelle.

2) Nach dem Zeugnis Al-Fasis braucht eine Urkunde, die speziell Zeugenaussagen festhält, die Sanktionierung qualifizierter Dritter, die in der Lage sind, Zeugen juristisch einwandfrei zu vernehmen. Solche dritte Personen sind aber bei der Urkunde im Ausgangsfall unseres Responsums von den Zeugen der Antrauung überhaupt nicht hinzugezogen worden.

3) Vor BŠṬR ist mit dem Hrsg. ein ʾLʾ zu ergänzen.

Urkunde, deren Bestätigung der mündlichen Befragung der Zeugen bedarf und wo ein Betrugsaspekt bei der Sache mit im Spiele ist, können wir den Grundsatz nicht anwenden: WIR VERFAHREN, ALS OB IHRE ZEUGENAUSSAGE DURCH GERICHTLICHE AUSFORSCHUNG ZUSTANDE GEKOMMEN WÄRE (b Gittin 3a). Das geht um so weniger bei einer Urkunde, gegen deren Rechtsgültigkeit derartige Einwände geltend gemacht worden sind. So steht es bei uns in den Tosafot geschrieben, und zwar mit folgendem Wortlaut:[1] WIR WENDEN DEN GRUNDSATZ: BEI ZEUGEN, DEREN UNTERSCHRIFT AUF EINER URKUNDE STEHT, VERFAHREN WIR, ALS OB IHRE ZEUGENAUSSAGE DURCH GERICHTLICHE AUSFORSCHUNG ZUSTANDE GEKOMMEN WÄRE (b Gittin a.a.O.) DA AN, WO DAS DOKUMENT NICHT ANZUFECHTEN IST. IST ABER EIN ANLASS ZUR ANFECHTUNG GEGEBEN, KÖNNEN WIR DEN GRUNDSATZ: WIR VERFAHREN, ALS OB IHRE ZEUGENAUSSAGE DURCH GERICHTLICHE AUSFORSCHUNG ZUSTANDE GEKOMMEN WÄRE, NICHT ANWENDEN. DAS IST EINE GANZ FUNDAMENTALE GRUNDREGEL BEI EINEM SINAI.[2] Soweit das Zitat aus den Tosafot. Die Anfechtung, die hier gemeint ist, stammt von einer (von dem Rechtsgeschäft) betroffenen Partei, so wie wir ja folgendes sagen: (GEHT IHRE HANDSCHRIFT) AUS EINEM DOKUMENT (HERVOR), DAS MAN ANFOCHT UND DAS DANN VOM JÜDISCHEN GERICHTSHOF BEKRÄFTIGT WURDE (usw.) (b Ketubbot 19b). Der Text redet hier von einer Partei, die die Urkunde angefochten hat.[3]

---

1) In den Standard-Tosafot zu Gittin 3a ist die nachfolgende Passage nicht erhalten. Siehe schon den Hrsg. zur Stelle.

2) Der Begriff des Sinai wird im rabbinischen Hebräisch öfter als Epitheton für bedeutende Gesetzeslehrer verwendet. Die Identität des hier genannten lässt sich nicht ermitteln. Nicht recht einleuchtend erscheint der Hinweis des Hrsg. auf ein Werk namens (Sefer) Sinai, das ein Bruder Rabbi Meirs von Rothenburg verfasste.

3) Statt BKL ist doch wohl BᶜL zu lesen. Der Sinn der

Ferner ist wegen dieser Zeugen ebenso (ein anderer Einwand) angebracht. Sie unterschrieben nämlich zwei Ausfertigungen, wobei auf einer der Urkunden der Zeitpunkt nicht verzeichnet wurde, um feststellen zu können, welches der beiden Dokumente zuerst unterschrieben wurde. Deswegen ist es für uns besser, sich auf das, was sie mündlich und kraft Eides als Zeugen ausgesagt haben,[1] mehr zu verlassen als auf das, was sie unterschrieben haben - sofern man sich auf sie überhaupt stützen darf. Denn nach meiner Meinung sind sie aufgrund dessen, was sie unterschrieben haben, aus etlichen von uns beschriebenen Gründen (so oder so der Falschaussage) verdächtig. Denn ihre Ausführungen stimmen mit der Wiedergabe dessen, der die Antrauung vollzog, weder bezüglich des Geschehnisablaufs noch bezüglich der verwendeten Antrauungsformel überein. Nun haben sie auch noch mit ihrer Unterschrift sanktioniert, dass einer der Zeugen ihr gratulierte, "woraufhin sie schwieg. Durch dieses Schweigen hat sie, so wie wir es sahen und so wie es von ihrem Gesicht abzulesen war, (der Antrauung) zugestimmt." Soweit das Zitat. All das erscheint mir wahrhaftig als Fälschung und Lüge von seiten der Zeugen. Zudem begreifen sie gar nicht, was sie bei der Formulierung "Durch dieses Schweigen" usw. mit ihrer Unterschrift sanktioniert haben. Denn unter ihnen ist (mindestens) einer, der nicht weiss, was Schweigen und was (implizites) Eingeständnis ist.

(Fortsetzung von Anmerkung 3 der vorigen Seite)
Beweisführung ist offenkundig folgender: Wenn bei Einwänden einer Partei des Rechtsgeschäftes gegen die Gültigkeit einer Beurkundung das Dokument nicht mehr ohne weiteres als rechtsgültig angesehen werden kann, gilt dies analog auch für die Urkunde über den Antrauungsvorgang, den die Frau ja ableugnet.

1) Siehe hierzu noch einmal S.30 Anmerkung 3.

Vielmehr war da jemand, der ihnen diesen Formulartext hinschrieb, den sie unterschrieben, ohne zu wissen, um was es sich da handelte. Folglich bestehen nach meiner Ansicht ihre Ausführungen mehrheitlich aus Lüge und Betrug. Sie steckten betrügerisch mit dem antrauungswilligen Mann unter einer Decke, um die junge Frau zu täuschen. Deswegen stimme ich aus all den von uns beschriebenen Gründen der Ansicht zu, dass man die Frau Hanna ohne jeglichen Zweifel[1] auf der Welt (zur direkten Neuheirat nach eigenem Willen) freigeben soll, und dass man den antrauungswilligen Mann mit einer Geldstrafe belegen soll,[2] der betrügerisch zu handeln gedachte. Man züchtige ihn MIT EINEM DORNZWEIG, DER KEIN BLUT HERVORSPRUDELN LASST (b Ketubbot 91a), bis dass er sein Urteil annimmt,[3] erlassen von den Ältesten seines Volkes, die dem Tor seines Wohnortes nahe sind. Denn die Eigenschaften zuchtloser Frechlinge prägen sein ganzes Tun. Seine Tafelrunde war eine Räuberhöhle. Er begehrte die Güter der Frau, und wollte sich ihr Geld greifen. Deswegen muss jeder mit weisem Herzen seine Aufmerksamkeit auf den Vorfall richten. Er zerstreue das Bündel der Räuber und sondere das Häcksel vom Getreide. Man darf den Räubern in einer Generation kein Schwert in die Hand geben, so dass sie uns mitten in unseren Häusern unterdrücken, unsere Töchter (be-)rauben, unsere Frauen verstossen und üble Nachrede über unsere Kinder bringen.[4] Fern sei es dem Charakter von Israels

---

1) Mit dem Hrsg. ist hinter ŠWM ein SFQ zu ergänzen.

2) Die nachfolgenden Zeilen enthalten eine poetische Schlussbetrachtung.

3) Das heisst: Man tue ihn solange in den Bann, bis er seine Geldstrafe bezahlt.

4) Wenn eine Frau neu heiratet, ohne von ihrem früheren Mann einwandfrei geschieden zu sein oder ohne dass die Ungültigkeit der früheren Eheschliessung ein-

Weisen, einen Frevel zu begehen, und den Entronnenen (des Volkes) des Allmächtigen, Unrecht und Sünde zu tun;[1] dass sie den Frevler und Gottlosen ermutigen. Denn der soll dem Tag des Zornes zugeführt werden,[2] DURCH DAS SCHWERT SOLL MAN IHN UMBRINGEN (Ps.63,11).[3] Sie reden von Häuptern und Edlen, sie sollten den Füchsen zum Anteil gegeben werden,[4] VON EINEM SCHWARM BÖSER ENGEL gepeinigt werden (Ps. 78,49).[5] Aber der Goldglanz der vollkommenen Getreuen Israels wird nicht dunkel werden; DENEN, DIE (die Frevler) ZÜCHTIGEN, WIRD ES WOHL ERGEHEN (Prov.24,25).[6] TUE DEN GUTEN GUTES, O HERR, UND DENEN, DIE AUFRECHTEN HERZENS SIND! DIE ABER IN IHRER KRUMMEN ART ABWEGE GEHEN, WIRD DER HERR MIT DEN SÜNDERN[7] VERSCHWINDEN LASSEN (Ps.125,4f). Heil komme über

---

(Fortsetzung von Anmerkung 4 der vorigen Seite:)
wandfrei festgestellt worden ist, setzt sie ihre Kinder aus der neuen Verbindung dem bösen Verdacht aus, sie seien Bastarde, also Mamserim. Dies genau ist das Folgeproblem, das sich im Ausgangsfall des Responsums bei gültiger oder auch nur zweifelhaft gültiger Antrauung hätte ergeben können.

1) Anspielung auf Hiob 34,10.

2) Anspielung auf Hiob 21,30.

3) Das schwierige WYGYRWHW ist in Anlehnung an David Kimchis Psalmenkommentar zur Stelle übersetzt worden.

4) Anspielung auf Ps.63,11. Gemeint ist: ihre Leichen unbeerdigt liegen zu lassen und sie den Füchsen zum Frass zu geben. Vergl. noch einmal David Kimchis Psalmenkommentar zur Stelle.

5) Das Zitat aus Ps.78,49 ist auch hier in Anlehnung an David Kimchis Auslegung übersetzt worden.

6) Der Bibeltext ist in Anlehnung an Moses Kimchis Proverbienkommentar zur Stelle wiedergegeben worden, der irrtümlich als Abraham Ibn Esras Werk galt.

7) Mit den sündigen Nichtjuden. Vergl. wieder David Kimchis Auslegung zur Stelle.

Israels Rechtsordnungen, wie sie es begehren und verlangen! Möge Gott das Heil gross machen, das aus der Tora, dem Gegenstand ihrer Freude, erwächst - so wie auch ich es sehnlich wünsche. Ich bin es, der (den Brief) mit bitterer Rede geschrieben hat: Mordechai, der Sohn des Meisters Herrn Isaak Ibn Kimchi.[1]

---

1) Text in: TŠWBWT ḤKMY PRWBYNṢY', a.a.O., S.35ff § 7.

Der Angehörige einer priesterlichen Familie heiratete am Mittwoch einer Woche eine Frau in der Annahme, dass sie eine Jungfrau sei. Er vollzog mit ihr erst in der Sabbatnacht den Beischlaf und entdeckte dabei, dass sie schon entjungfert war. Daraufhin befragte er einen Gelehrten, ob sie ihm (als Ehefrau) verboten oder erlaubt sei.[1] Er sprach zu ihm, dass sie ihm deswegen nicht verboten sei. Er dürfe den Sachverhalt verheimlichen und müsse sich von ihr deswegen nicht scheiden lassen. Nach einiger Zeit aber wurde aufgrund eines anderen hässlichen Vorgangs, der diesem Angehörigen einer priesterlichen Familie in Verbindung mit seiner Frau widerfuhr,[2] der (erste) Sachverhalt offenbar. Die Gelehrten waren sowohl in Bezug auf den einen als auch in Bezug auf den anderen Vorfall, dem er ausgesetzt wurde, geteilter Meinung. Einige verbieten sie ihm, weil er sie nicht als Jungfrau vorfand; doch andere erlauben sie ihm (, was diesen Vorgang betrifft). Diejenigen, die ihm die Frau verbieten, führen als Beweis eine Aussage Rav Nachmans[3] aus dem Traktat Ketubbot an: WER DA SAGT: ICH FAND EINE ENTJUNGFERTE FRAU VOR, IST BEGLAUBIGT, SICH DIE FRAU ZU VERBIETEN (b Ketubbot 8b - 9a). Man beziehe dies in der Gemara auf die Frau eines Mannes priesterlicher Herkunft oder auch auf die Frau eines gewöhnlichen Juden - ZUM BEISPIEL WENN IHR VATER FÜR SIE DIE ANTRAUUNG ENTGEGENNAHM, ALS SIE WENIGER ALS

---

1) Für Juden gelten ja ganz allgemein gesprochen etliche Eheverbote, wobei die Nachkommenschaft der alten Tempelpriesteraristokratie noch besondere Verbote zu beachten hat, die anderen Juden nicht vorgeschrieben sind. Näheres dazu im Folgenden.

2) Die Frau hatte Ehebruch begangen. Näheres dazu im Folgenden.

3) Im Textus receptus des Talmuds lautet der Name auf Rabbi Eleasar. Siehe schon den Hrsg. zur Stelle.

DREI JAHRE UND EINEN TAG ALT WAR (b Ketubbot 9a). Denn in solch einem Fall liege nur ein einziger Zweifel vor.[1] Bei dem Mann mit priesterlicher Abkunft IST ES ABER ZWEIFELHAFT, OB SIE (beim Geschlechtsverkehr mit dem fremden Mann) SCHON UNTER SEINER GEWALT STAND, ODER OB SIE (dabei) NOCH NICHT UNTER SEINER GEWALT STAND (b Ketubbot a.a.O.). Das Resultat der Gemara(-Diskussion) lehre uns, dass sie sich (für ihn) zum verbotenen Bissen gemacht habe,[2] selbst wenn er den Sachverhalt nicht sicher wisse. Raschi, dessen Andenken gesegnet sei, habe dazu erläutert, dass der Text von einem (bisher) unverheiratet gewesenen Mann rede, der deswegen gar nicht genau wisse, ob eine Entjungferung vorliege,[3] und der selbst bei dieser Sachlage beglaubigt sei, sich die Frau zu verbieten.[4] Das gelte aber erst recht in einem Fall, wo er sich der Entjungferung sicher sei, wie dieser Mann mit priesterlicher Herkunft, der (schon einmal) verheiratet gewesen sei und das Entjungferungsargument

---

1) Ob sie in der Zeit nach der Antrauung aus freiem Willen mit einem fremden Mann Geschlechtsverkehr gehabt hat oder von ihm genotzüchtigt wurde. Die Zeit vor der Vollendung des dritten Lebensjahres ist uninteressant, weil sie bis dahin als noch nicht beischlafsfähig gilt bezw. bis zu diesem Zeitpunkt ihre Jungfräulichkeit nicht verlieren kann. Im Falle einer erwiesenen Vergewaltigung muss sie von einem Ehemann nichtpriesterlicher Abkunft keineswegs geschieden werden. Wenn dies aber nicht beweisbar ist, muss der Ehemann in dem hier behandelten speziellen Fall sich von ihr trennen, weil der Verdacht einer Untreue ihrerseits so schwer wiegt.

2) ḤTYKH D'YSWR' bedeutet wörtlich: "zur verbotenen Scheibe (Fleisch)".

3) Weil ihm die sexuelle Erfahrung fehlt, sofern er den ersten Beischlaf in seinem Leben ausübt.

4) Vergl. Raschis Talmudkommentar zu b Ketubbot 9a.

anführe. Ausserdem habe er argumentiert, dass er kein Blut vorgefunden habe[1] und die Frau keiner Familie entstamme, wo die Frauen an Blutarmut litten. Also sei er wirklich beglaubigt, sich die Frau zu verbieten und sie für sich selbst zum verbotenen Bissen zu machen.[2]
Die Begründung derer, die ihm die Frau erlauben, ist folgende: Sie sagen, dass die Bemerkung Rav Nachmans sich auf die früheren Generationen bezieht,[3] wo zwischen der Hochzeit und der Antrauung ein grösserer Zeitraum lag, innerhalb dessen sie, obwohl schon unter seiner Gewalt stehend, Hurerei begehen konnte. Aber in der Gegenwart, wo wir Antrauung und Hochzeit im selben Zusammenhang abwickelten und eine Zwischenzeit in solchem Ausmass nicht mehr eingelegt werde, könne er sich die Frau nicht glaubhaft verbieten. Wir könnten da nämlich sagen, sie habe (- wenn überhaupt-) vor der Heirat gehurt; und wir seien uns dessen sicher: Ein unverheirateter Mann, der einer unverheirateten Frau beiwohne, mache sie nicht zu einer Hure.[4] Doch diejenigen, die ihm die Frau verbieten möchten, sagen: Da er sie am Mittwoch einer Woche geheiratet habe und erst in der Sabbatnacht den ersten Beischlaf an ihr vollzogen habe, habe sie doch reichlich Zeit gehabt, unter seiner Gewalt stehend zu huren, nämlich drei Tage. Denn was für einen Unterschied mache es da, ob es sich um eine Dreitages- oder um eine Dreimonatsfrist handele? Folglich müsse man sich Sorgen machen.[5] Der vollkommene Beweis für die These, dass man immer dann Sorge haben müsse, dass die

---

1) Das bei einer Defloration gewöhnlich austritt.

2) Siehe Anmerkung 2 der vorigen Seite.

3) Die Zeiten Rav Nachmans sind gemeint.

4) Vergl. b Jebamot 61b.

5) Dass die verheiratete Frau in den drei Tagen nach der Eheschliessung sich mit jemand anderem eingelassen haben kann.

Frau, die ihm unterstehe, vielleicht gehurt habe, wenn er nicht sofort nach der Antrauung[1] den Beischlaf mit ihr vollzogen habe, sei jene Aussage im ersten Kapitel des Traktates Ketubbot: UNSERE MEISTER HABEN GELEHRT: WENN DER ERSTE (Ehemann) SIE HEIMFÜHRTE, UM MIT IHR HOCHZEIT ZU FEIERN, UND SIE ZEUGEN HAT, DASS SIE MIT IHM NIE ALLEIN WAR, ODER NICHT ZEIT GENUG MIT IHM ALLEIN WAR, UM DEN BEISCHLAF ZU VOLLZIEHEN, KANN DER ZWEITE (Ehemann)[2] DIE JUNGFRÄULICHKEITSKLAGE NICHT GEGEN SIE ANSTRENGEN,[3] WEIL SIE DER ERSTE (hochzeitlich) HEIMGEFÜHRT HATTE[4] usw. (b Ketubbot 11b). Nun mache man in der Gemara folgenden Einwand geltend: WIR MÜSSEN DOCH SORGE HABEN, DASS SIE VIELLEICHT UNTER SEINER GEWALT STEHEND[5] HERUMGEHURT HAT. RAV SCHERABJA ANTWORTET(E): ES GEHT ETWA UM EINEN FALL, WO ER[6] SIE SICH ANTRAUTE UND SOFORT DANACH DEN BEISCHLAF MIT IHR VOLLZOG (b Ketubbot 12a).[7]

---

1) Mit dem Hrsg. ist nach TKF ein ʾḤRY zu ergänzen.
2) Den sie nach Scheidung vom ersten Ehemann oder nach dessen Tod heiratet.
3) Heiratet jemand eine Frau in der von ihr gestützten Annahme, sie sei eine Jungfrau, und entdeckt er beim ersten intimen Verkehr, dass sie es nicht mehr ist, kann er beim jüdischen Gerichtshof im Normalfall auf Täuschung klagen und die Auflösung der Ehe ohne Zahlung der Ketubba-Summe an die Frau vornehmen.
4) Das heisst: Der zweite Ehemann muss unter allen Umständen davon ausgehen, eine Nichtjungfrau zu ehelichen, obwohl sie Zeugen hat, dass die erste Ehe nicht konsumiert wurde. Entdeckt er trotz dieser Sachlage, dass sie entjungfert ist, darf er ihr daraus im Prinzip keinen rechtlichen Nachteil erwachsen lassen.
5) Unter der Gewalt des zweiten Ehemanns stehend.
6) Der zweite Ehemann.
7) In solch einem Fall ist der Einwand gegenstandslos.

So lese Raschi, dessen Andenken gesegnet sei, den Text; und er erkläre dazu: WEIL DIE FRAU IN DER ZEIT ZWISCHEN ANTRAUUNG UND (erstem) BEISCHLAF NICHT VON IHM WEGGING, KANN SIE UNTER SEINER GEWALT STEHEND WIRKLICH NICHT GEHURT HABEN.[1] Damit sei aber dieser Problemdiskussion zu entnehmen, dass immer dann, wenn es zwischen der Antrauung und dem (ersten) Beischlaf Zeit genug zur Hurerei gebe, wir die Sorge hegen müssten, dass sie vielleicht unter seiner Gewalt stehend Hurerei getrieben habe. Um so mehr sei sie wahrlich hier angebracht, wo zwischen Antrauung und (erstem) Beischlaf drei Tage verstrichen seien. Er sei also beglaubigt, sich die Frau zu verbieten. Selbst wenn die Frau argumentiere, dass sie vor der Antrauung mit diesem Manne priesterlicher Herkunft vergewaltigt oder verführt worden sei, und er so spreche, dass sie anfangs dieses Argument vorgebracht habe: vor der Antrauung mit diesem Manne priesterlicher Herkunft verführt worden zu sein, dann gelte selbst bei solcher Sachlage die Ansicht derer, die auf ein Verbot plädierten. Denn wir könnten (hier) keine Entscheidungen fällen, die auf den Aussagen der Frau beruhten. Sofern nämlich nur ein einziger Zweifel bestehe, der die Verletzung eines biblischen Verbotes betreffe, sei sie in der Tat unglaubwürdig und für ihn verboten. Denn bei einem (biblischen) Verbot dürfe man sich auf ihre Aussage nicht verlassen und keinen Unterschied machen, ob sie ein Geständnis ablege, ob sie schweige oder den Sachverhalt abstreite, wie wir es aus einer anderen Feststellung ersehen könnten: Die Auslegung der Passage:[2] SAGT JEMAND: ICH FAND SIE ENTJUNGFERT VOR, SO IST ER BEGLAUBIGT, SIE IHRER KETUBBASUMME FÜR VERLUSTIG ZU ERKLÄREN (b Ketubbot 9b), sei die, dass in solch einem

---

1) Siehe Raschis Talmudkommentar zu b Ketubbot 12a.

2) Entgegen der Meinung des Hrsg. scheint mir die Kürzel P' nicht überflüssig zu sein.

Fall die halachischen Dezisoren unterscheiden würden, ob sie schweige, ein Geständnis ablege oder den Vorwurf abstreite, weil es um eine Geldangelegenheit gehe. Aber was den Aspekt angehe, der die Verletzung eines (biblischen) Verbotes beträfe, da dürfe man ihren Worten keinerlei Beachtung schenken. Wir läsen dort ja folgendes: RABBI ILA LEHRTE IM NAMEN RABBI ELEASARS: HAT ER SIE ENTJUNGFERT VORGEFUNDEN, DARF ER SIE ALS FRAU NICHT BEHALTEN, WEIL SIE MINDESTENS ZWEIFELHAFT DES EHEBRUCHS VERDÄCHTIG IST. MAN SORGT SICH ABER UND SPRICHT: VIELLEICHT IST SIE VERGEWALTIGT WORDEN. IN SOLCH EINEM FALL WÄRE DOCH EIN ENTSPRECHENDES GERÜCHT (über die Frau) IM UMLAUF usw. (j Ketubbot I,1). Nahe dieser Stelle greife der Text das Problem wieder auf und spräche: ES GESCHAH EINER FRAU, DASS MAN DIE JUNGFRÄULICHKEITSMERKMALE NICHT AN IHR VORFAND. SIE KAM VOR RABBI (, DER ZU IHR SPRACH: WO IST DEINE JUNGFERNSCHAFT GEBLIEBEN?). SIE SAGTE IHM: DIE TREPPENSTUFEN IN MEINEM VATERHAUS WAREN SEHR HOCH; DESWEGEN IST MIR DIE JUNGFRÄULICHKEIT ABHANDEN GEKOMMEN.[1] RABBI SCHENKTE IHR GLAUBEN. WAS DU DA SAGST, BEDEUTET NUR, DASS SIE IHRER KETUBBA-SUMME NICHT FÜR VERLUSTIG ERKLÄRT WERDEN KANN. ZUR FRAU ABER DARF ER SIE NICHT MEHR WEITER HABEN, WEIL SIE DOCH MINDESTENS ZWEIFELHAFT DES EHEBRUCHS VERDÄCHTIG IST usw. (j Ketubbot I,1). Das lehre uns also folgendes: Obwohl wir ihr hinsichtlich des finanziellen Aspektes Glauben schenken könnten, dürften wir ihr unter dem Aspekt einer (eventuellen) Verbotsübertretung keinen Glauben schenken.[2] Obwohl in jenem Jerusalemer Talmud andere Worte ständen, die auf den ersten Blick hin mit unserem Talmud nicht in Übereinstimmung zu sein schienen, würden wir

---

1) Das schwierige Begehen der Treppe führte beim Mädchen zu einer inneren Verletzung, die das Jungfernhäutchen zerstörte.

2) Der Fall vereint also zwei gegensätzliche Aspekte.

aber dennoch bei diesem Thema keinen Widerspruch (des einen zum andern) vorfinden.[1] Somit sei es eine gültige Schlussfolgerung, dass man ihr, sobald lediglich ein einziger Zweifel vorliege, nämlich der einer Verletzung eines biblischen Verbotes, keinen Glauben schenken könne. Das gelte erst recht jetzt hier: Weil diese Frau ihre Aussage revidiere und behaupte, dass der Mann mit priesterlicher Herkunft sie als Jungfrau vorgefunden habe und ihm widerspreche, dürfe er sie sich glaubhaft verbieten. Denn sogar mit Blick auf die Auszahlung der Ketubba sei er beglaubigt, sie ihrer Ansprüche für verlustig zu erklären, wenn sie ihm widerspreche, weil es doch doppelt sicher sei.[2] So hätten es nämlich die halachischen Dezisoren und die bedeutendsten Geonim entschieden, deren Andenken gesegnet sei. Erst recht gelte dies, wenn die Verletzung eines (biblischen) Verbotes (durch die Frau) zur Diskussion stehe. Ferner müsse doch selbst nach den Worten derer, die ihm die Frau erlaubten, folgendes gelten: Wenn man den ersten Worten der Frau Beachtung schenken wolle, nach deren Version sie vor der Heirat verführt worden sei, verlöre sie unter allen Umständen ihre Ketubba-Summe ganz. Denn der Mann habe sie unter der Annahme heimgeführt, sie sei eine Jungfrau, und sie sei dann entjungfert vorgefunden worden. Da gäbe es dann (bei der Scheidung) keine Ketubba-Auszahlung. Er dürfe sie sich auch nicht als Ehefrau mit dieser Ketubba erhalten, weil sie nichtig sei. Vielmehr müsse er ihr eine Ketubba über eine Mine ausstellen,[3] wenn er sie sich als Frau erhalten wolle.[4] Die Gegner

---

1) Der konkrete Sinn dieser Bemerkung bleibt dunkel.

2) Dass er sie als Nichtjungfrau vorfand.

3) Jungfrauen erhalten zwei Minen.

4) Das geht bei einem priesterlichen Ehemann aber nur dann, wenn er sofort nach der Eheschliessung die absentia virginitatis konstatiert hat und die Frau halachisch gesehen keine Hure ist.

aber sagen zu diesem Mann mit priesterlicher Herkunft, dass sie ihm als Frau (weiter) erlaubt sei und er sie sich sogar mit dieser (ersten) Ketubba als Ehefrau erhalten könne. Doch diese Behauptung ist WIE ESSIG FÜR DIE ZÄHNE UND WIE RAUCH FÜR DIE AUGEN (Prov.10,26). Und so gibt es zwei Parteien, die (in der Beurteilung der Sache) gegensätzlicher Meinung sind. Denn wenn jene Recht haben, die da glauben, sie habe unter seiner Gewalt stehend gehurt, dann ist sie ihm verboten. Und wenn jene Recht haben, die da glauben, sie habe schon vor der Eheschliessung gehurt und sei ihm deswegen als Frau erlaubt[1] – so hat er sie doch in der Annahme heimgeführt, dass sie eine Jungfrau sei, und wurde von ihm als Nichtjungfrau vorgefunden, womit sie ihr Anrecht auf die Ketubba-Auszahlung verwirkt hat. Wahrlich, wenn er sie sich (in solch einem Fall als Ehefrau) erhalten will, muss er ihr eine Ketubba in Höhe von einer Mine ausstellen. Denn er darf sie sich nicht eine einzige Stunde als Ehefrau mit einer Ketubba erhalten, bei der schon jegliche Haftung (des Ehemanns) getilgt ist oder wo gar keine Haftung greift. Denn in solch einem Fall gleicht sie einer Frau, die ohne Ketubba dasteht.[2] So hat es unser Meister Moses Maimonides geschrieben, dessen Andenken gesegnet sei.[3] Und wenn sie dem Ehemann widerspricht, gilt erst recht, dass sie ihm (ohne eine neue Ketubba) wahrhaftig verboten ist.

Und dadurch, dass Sünde durch einen Sünder verursacht wird,[4] widerfuhr diesem Manne priesterlicher Herkunft eine hässliche Sache mit seiner Frau. Längere Zeit nämlich, nachdem man sie ihm insgeheim für erlaubt erklärt

---

1) Siehe aber Anmerkung 4 der vorigen Seite!

2) Der aramäische Text DKMʾN DLYT LH KTWBH DʾMY ist schwierig. Das letzte Wort ist wohl DMYʾ zu lesen.

3) Vergl. Mischne Tora, Hilchot Ischut Kap.11 § 17.

4) Anspielung auf b Sanhedrin 8a.

hatte, verliess dieser Mann mit priesterlicher Herkunft die Stadt. Er verdächtigte seine Frau wegen eines (anderen) Mannes, verwarnte sie vor dem Verlassen der Stadt und sprach zu ihr etliche Male: "Sei mit dem und dem Mann nicht insgeheim zusammen!" Auch schon vor diesem Zeitpunkt hatte er sie nach eigenen Worten bereits etliche Male verwarnt. Als er zurückkehrte, erzählten ihm seine Verwandten und eine Frau, sie hätten seine Frau bei einer ganz hässlichen Sache gesehen. Sie hätten sie nämlich zusammen mit einem anderen Mann hinter einem Vorhang hervorkommen sehen, nachdem genug Zeit verflossen gewesen sei, um sie unrein zu machen.[1] Entweder hätten sie sie wahrgenommen, wie sie sich einander geküsst hätten, oder wahrgenommen, dass sie mit den Händen verhüllte Körperstellen abgetastet hätten. Als der Mann mit priesterlicher Herkunft das vernahm, grämte er sich nach eigener Darstellung sehr, ging zu seiner Frau hin, schlug sie und sprach zu ihr, warum sie denn mit mit dem und dem herumgehurt habe. "Bin ich denn etwa nicht so schön wie er?" Sie antwortete und sprach, dass sie nicht mit ihm gehurt habe. Dieser Mann mit priesterlicher Herkunft war nach eigenen Worten (vor lauter Sorge) sehr betrübt, ob seine Frau in Anbetracht des (möglicherweise verletzten) Verbotes noch bei ihm bleiben könne. Nach einer Stunde trat er mit gutem Zureden an sie heran und sprach zu ihr, sie möge ihm die Wahrheit bekennen: ob sie unter seiner Gewalt stehend gehurt habe oder nicht. "Wenn du mir nämlich die Wahrheit sagst, kann ich bei den Weisen im Lande Rat einholen, ob du weiter meine Ehefrau sein darfst. Solange du nämlich nicht die Wahrheit zu mir sagst, kann ich wegen der Sache keinen Rat einholen." Jedesmal warnte er sie nach eigener Darstellung, ihm nur die

---

1) Also genug Zeit für einen ehebrecherischen Geschlechtsakt.

Wahrheit zu berichten. Am Ende liess er sie auf die Tora schwören, dass sie ihm die Wahrheit sagen werde, ob sie unter seiner Gewalt stehend gehurt habe oder nicht. Sie antwortete kraft Eides, dass sie wahrhaftig einmal, obwohl unter seiner Gewalt stehend, (mit dem anderen) gehurt habe. Er bestellte (nunmehr) Zeugen für ihr Eingeständnis, ohne diese zu verstecken; und die Zeugen unterschrieben ihr Eingeständnis. Daraufhin brachte er jenes Eingeständnis in die nahegelegene Stadt zum jüdischen Gerichtshof: denn er befand sich in einem Dorf.[1] Der jüdische Gerichtshof beriet und entschied, dass der Mann ihr dafür einen Scheidebrief geben solle, und erklärte sie als für ihn verboten. Hernach aber beschloss er einhellig, die Frau vorzuladen und sie im Kollegium selber einem Verhör zu unterziehen. So trat sie vor dieses hin; und man nahm sie ins Verhör. Sie sprachen zu ihr: "Nimm dich in Acht, dass du nichts aussagst oder eingestehst, was ausserhalb der Wahrheit liegt - weder aus Schrecken und Furcht noch aus Liebe und Furcht vor deinem Ehemann! Denn wir bewahren dich vor jeder Gewalttat und vor jeglichem Übel. Deswegen gestehe aus Furcht vor einer Gewalttat oder weil man dich betört hat[2], nichts ein, was ausserhalb der Wahrheit liegt!" Man verwarnte sie diesbezüglich auf das Nachdrücklichste. Darauf sagte sie, dass sie aus keinem anderen Anlass als dem, dass ihre Sünden diesen ihren Fehltritt verursacht hätten, aussage, dass sie, obwohl der Gewalt ihres Ehemanns unterstehend, einmal (mit einem fremden Mann) gehurt habe. Schliesslich sprach einer der verhörenden (Richter) zu ihr: "Du Närrin! Warum hast du den Sachverhalt vor deinem Ehemann nicht ver-

---

1) Die letzte Einzelheit ist mit dem auf der vorigen Seite geschilderten Sachverhalt nicht ganz deckungsgleich.

2) Eine falsche Aussage zu machen.

heimlicht?" Sie antwortete ihm: "Ich konnte es nicht verheimlichen; denn eine Frau hat mich gesehen, wie ich mit dem Verdächtigten hinter einem Vorhang hervorkam." Als sich die Frau von den Weisen entfernen wollte, die sie verhörten, verwarnten sie sie etliche Male, dass sie sich nicht erfrechen solle, noch einmal irgendeinem Menschen und einem jüdischen Gerichtshof auf der Welt ein derartiges Geständnis abzulegen.[1] Nach einiger Zeit aber kamen ihr Vater und ihre Freunde daher und sie stiess die gesamte Aussage um. Sie sprach nun, dass sie alles, was sie ausgesagt habe, bloss aus Furcht, die sie vor ihrem Ehemann empfand, ausgesagt und eingestanden habe. Doch es ist wirklich offensichtlich, dass sie ihr diese Argumentation eingetrichtert haben.[2]

Nach all diesen Dingen geschah es, dass ich, dessen Unterschrift unten steht, in die Stadt kam, wo der jüdische Gerichtshof residiert. Nun kam dieser Mann priesterlicher Herkunft zu mir und erzählte mir den ganzen Vorfall, wie er oben beschrieben ist. Auch mir sagte er, dass er die Frau in der Annahme geehelicht habe, dass sie eine Jungfrau sei, und sie als Nichtjungfrau vorgefunden habe. Zwei-, ja sogar dreimal ging er mich fragend um eine Entscheidung an, ob in Anbetracht der (von ihm gemachten) Ausführungen seine Frau für ihn verboten oder erlaubt sei. Ich aber wollte für ihn keine Entscheidung fällen, die auf seiner (möglicherweise) leichtfertig hingesprochenen Rede beruhte. So griff ich mir meine begleitenden Freunde[3] und liess ihn öf-

---

1) Dieser Satz ist sehr eigenartig, worauf schon der Hrsg. hinweist. Vielleicht ist er korrupt.

2) Zur Bedeutung der aramäischen Redewendung DṬʿNTʾ ʾGMRWH vergl. b Baba Batra 31a.*

3) Der äusserst schwierige Terminus ʾḤWZT MRʿY ist ein Biblizismus aus Gen.26,26 und in Anlehnung an die Auffassung des Targums Onkelos übersetzt worden.*

fentlich autorisiert einen schweren Eid auf den Herrn, den Gott Israels, schwören: ob es wahr gewesen sei, dass er seine Frau in der Annahme geehelicht habe, sie sei eine Jungfrau, und sie dann als Nichtjungfrau vorgefunden habe; und dass er sie am Mittwoch geehelicht habe, ihr aber erst in der Sabbatnacht beigewohnt habe. Ferner liess ich ihn unter Eid aussagen, ob diese von ihm gemachten Angaben, wonach ihm seine Frau die Hurerei eingestanden habe, vollständig seien oder nur Teilangaben, aus Liebe oder Hass oder Erregung oder Zorn oder aus einem anderen Beweggrund vorgetragen, der nicht der Wahrheit diene. Ferner sollte er beeiden, ob er sie in Schrecken versetzt oder überredet habe, dass sie ihm oder den Zeugen oder dem jüdischen Gerichtshof gestehen solle, unter seiner Gewalt stehend gehurt zu haben, sofern dies nicht wahr sei. Er nahm den Schwur auf sich und schwor unter öffentlicher Autorisation, dass er sie in der Annahme geehelicht habe, sie sei eine Jungfrau, sie dann aber nicht als Jungfrau vorgefunden habe; dass er sie am Mittwoch geehelicht habe, ihr aber erst in der Sabbatnacht beigewohnt habe; und dass er keine Angabe bezüglich seiner Frau, die ihm gestanden habe, unter seiner Gewalt befindlich gehurt zu haben, aus Liebe oder Hass oder Erregung oder aus irgendeinem anderen Beweggrund auf der Welt abseits der Wahrheit gemacht habe. Niemals habe er sie in Schrecken versetzt noch dazu überredet, ihm oder den Zeugen oder dem jüdischen Gerichtshof zu gestehen, dass sie unter seiner Gewalt befindlich gehurt habe, sofern sie wirklich nicht gehurt habe. Doch wenn sie wirklich gehurt habe (- so habe er zu ihr gesagt-), solle sie ihm, dem jüdischen Gerichtshof und den Zeugen ein Geständnis ablegen, da sie in Anbetracht der Verbotsvorschrift (dann) nicht mehr seine Ehefrau bleiben könne. Zur Bekräftigung und zur Unterstreichung des Wahrheitsgehaltes seiner Worte erlegte sich dieser Mann mit priesterlicher Herkunft ferner unter öffentlicher Autorisation ein ewiges Verbot zu Fleisch- und Weingenuss auf, wenn er auch nur in irgendeiner Hinsicht bei all diesen Aussagen lüge. Diesbezüglich fragte er mich, ob ihm die Frau verboten oder erlaubt sei, nachdem er sie nicht als Jungfrau vorgefunden habe und ihm seine Frau jetzt auch noch eingestanden habe, unter seiner Gewalt stehend gehurt zu haben, wo er doch priesterlicher Herkunft sei. Ich befragte ihn unter Eid mit Fluchandrohung und kraft des Enthaltsamkeitsgelübdes, ob er in Anbetracht des von seiner Frau ihm gegenüber abgelegten Geständnisses, unter seiner Gewalt stehend gehurt zu haben, ihr Glauben geschenkt habe und sich ihrer Worte sicher gewesen sei und die Aussagen innerlich als Wahrheit akzeptiert habe. Darauf schwor er beim Herrn, dem Gott Israels, dass er ihr Glauben geschenkt habe, sich ihrer sicher gewesen sei und die Aussagen innerlich als Wahrheit akzeptiert habe. Auch jetzt glaube er (immer noch), dass sie wirklich unter seiner Gewalt stehend gehurt habe. Und wenn er es nicht glaube, sollten ihm Fleisch und Wein unter öffentlicher Autorisation für ewig verboten sein. Ferner sprach er: "Wie kannst du mich bloss fragen, ob ich es fest glaube?[1] Wenn ich nicht fest daran glaube - warum habe ich sie dann zum jüdischen Gerichtshof gebracht und dieses ganze lärmende Getöse inszeniert, das ich inszeniert habe?" Danach fragte ich ihn kraft des Schwurs und des Enthaltsamkeitsgelübdes noch folgendes: Ob für den Fall, dass der Verdächtigte eine vollständige, namentliche Bannandrohung akzeptiere, dass er seiner Frau nicht beigewohnt habe,[2] er sein Zutrauen (in die Wahrhaftig-

---

1) Statt ᵓYNY ist mit dem Hrsg. besser ᵓNY zu lesen.

2) Wenn also der andere Mann, der das Vergehen bestreitet, über sich den Bann verhängen lassen will, falls er die Tat doch begangen hat.

keit der Aussage seiner Frau) deswegen einschränken werde. Ich hatte nämlich vernommen, dass der Angeschuldigte wütend schrie, man möge ihn doch in den Bann tun, wenn er der Frau des Mannes mit priesterlicher Herkunft beigewohnt habe. Deswegen stellte ich ihm diese Frage. Der Mann mit priesterlicher Herkunft antwortete mir kraft Eides und Enthaltsamkeitsgelübdes, dass er sein Zutrauen (in den Wahrheitsgehalt der Aussage) deswegen nicht einschränke. Ferner sprach er, dass man das Bannungsangebot von ihm nicht akzeptieren sollte. Denn wer einer verheirateten Frau beiwohne, für den wäre es besser,[1] dass er die Bannandrohung als Mittel zum Erweis seiner persönlichen Unschuld gegenüber dem Volk umgehe.[2] Ferner stellte ich ihm kraft des Enthaltsamkeitsgelübdes und des Eides die Frage, ob er sie vor der Tat verwarnt habe und zu ihr gesagt habe: "Sei nicht mit dem und dem Mann heimlich zusammen!" Er antwortete und sprach, dass ihm alle Früchte auf der Welt verboten sein sollten, wenn er sie nicht vor der Tat verwarnt haben sollte. Ferner fragte ich ihn kraft des Enthaltsamkeitsgelübdes und des Eides, ob er in Anbetracht der Aussage seiner Verwandten und einer Frau, dass sie an seiner Frau ein hässliches Verhalten beobachtet und gesehen hätten, dass sie sich hinter einem Vorhang solange aufgehalten habe, wie es zur Erlangung der Unreinheit nötig sei, ihnen Glauben schenke und sich bei ihrer Aussage sicher sei, dass sie der Wahrheit entspreche. Er antwortete, dass ihm alle Früchte auf der Welt für immer verboten sein sollten, wenn er ihnen nicht glaube und sich bei ihren Worten nicht sicher sei, dass sie die Wahrheit zu ihm sprächen. Hätte er ihnen nämlich keinen Glauben geschenkt, hätte er sich doch all dem nicht ausgesetzt, noch getan, was er tue, noch die

1) Statt KḤ ist mit dem Hrsg. besser N(W)Ḥ zu lesen.

2) Weil ihn der Bann nach Auffassung des Ehemanns sonst unweigerlich treffen würde.

Nachforschungen angestellt, die er angestellt habe. Als ich, dessen Unterschrift unten steht, all diese Worte vernahm, dass er sich bei seiner Klage sicher war, sie nicht als Jungfrau vorgefunden zu haben, und sie, als sie schon unter seiner Gewalt stand, Zeit (genug) zur Hurerei hatte, und er ein Mann mit priesterlicher Herkunft war, und er dem Geständnis seiner Frau ebenfalls Glauben schenkte, dass sie unter seiner Gewalt stehend gehurt habe, sprach ich zu ihm: "Nach Massgabe meines beschränkten Verstandes scheint es mir, dass sie dir verboten ist. Du musst dich von ihr scheiden lassen, wenn du ein gewissenhafter Frommer sein willst. Du müsstest es selbst dann tun, wenn du ein gewöhnlicher Jude (nichtpriesterlicher Herkunft) wärest."
Hernach diskutierten wir über den Fall; denn es gibt solche, die dem Mann die Frau (zur Ehe) verbieten und andere, die sie ihm (zur Ehe) erlauben. Die auf Erlaubnis Plädierenden sagen, dass eine Frau niemals durch ihr eigenes Geständnis ihrem Ehemann verboten werde. Wir müssten nämlich Sorge haben, dass sie vielleicht bloss ihre Augen auf einen anderen Mann geworfen habe. Als Beweis für ihre Worte führen sie jene Passage an, die am Ende des Traktates Nedarim zu finden ist: ANFANGS HIESS ES: DREI ARTEN VON FRAUEN WERDEN GESCHIEDEN UND BEKOMMEN IHRE KETUBBA AUSGEZAHLT: DIE DA SAGT: ICH BIN FÜR DICH UNREIN,[1] (DIE DA SAGT:) DER HIMMEL STEHT ZWISCHEN MIR UND DIR[2], (UND DIE DA SAGT:) ICH MÖGE VON DEN JUDEN HINWEGGENOMMEN WERDEN.[3] SPÄTER REVIDIERTE

---

1) Aufgrund von Untreue. In der Gemara wird die Aussage aber nur auf die Vergewaltigung der Ehefrau eines Mannes priesterlicher Herkunft gedeutet. Siehe b Nedarim 91a.
2) Gemeint ist: Du bist impotent.
3) Sie legt ein Gelübde ab, mit keinem Juden unter Einschluss ihres Ehemanns Geschlechtsverkehr auszuüben.

MAN DIESE REGELUNG UND SAGTE, DAMIT DIE FRAU IHRE AUGEN NICHT AUF EINEN ANDEREN MANN WERFE UND IHREM MANN KEINERLEI VERDERBEN ZUFÜGE: (DIE DA SPRICHT: ICH BIN FÜR DICH UNREIN, MUSS EINEN BEWEIS FÜR IHRE WORTE ERBRINGEN) usw. (M Nedarim XI,12). Das nämlich lehre, dass sie wegen ihres Geständnisses (allein) nie für verboten erklärt werden könne. Wir müssten nämlich die Sorge hegen, dass sie unter Umständen (bloss) ihre Augen auf einen anderen Mann geworfen habe.[1] Diejenigen, die auf ein Verbot plädieren, sagen, dass diese Regelung nur dann gelte, wenn der Ehemann ihr keinen Glauben schenke und sich ihrer Worte nicht sicher sei. Doch wenn der Ehemann ihr Glauben schenke und sich ihrer Worte sicher sei, sei sie ihm wahrhaftig verboten; und er müsse sich von ihr scheiden lassen, selbst wenn (nur) ihr Eingeständnis vorliege. So haben wir es auch in unseren Novellen[2] im Namen der Geonim geschrieben. Diejenigen, die auf eine Erlaubnis plädierten, beachteten jedoch die Begründung dieser Regelung nicht, dass man unterscheiden muss, ob er ihr Glauben schenkt oder es nicht tut.[3] Sie sagten, dass kein halachischer Dezisor derartiges schreibe, bis dass ich ihnen die Worte des grossen Meisters, unseres Herrn Moses Maimonides seligen Andenkens zeigte, der ganz klar in Kapitel 24 seines Buches über die Frauen[4] und an etlichen anderen Stellen seines Buches und im Buch über die Heiligkeit[5] so geschrieben hat, dass im-

---

1) Und dass sie den Ehebruch respektive die Vergewaltigung bloss vorgibt, um von ihrem derzeitigen Mann loszukommen.

2) Statt ḤDWŠNW ist sicher ḤDWŠYNW zu lesen. Der Respondent bezieht sich hier wohl auf einen von ihm verfassten Talmudkommentar.

3) Die Begründung besteht in der Autorität der Geonim.

4) Siehe Mischne Tora, Hilchot Ischut Kap.24 § 18.

5) Siehe denselben, a.a.O., Hilchot Issure Biʾa Kap. 18 § 8.

mer dann, wenn er ihr Glauben schenke, er sich von ihr scheiden lassen müsse. Auch der grosse Meister Herr Moses von Coucy hat es so in seinem Sefer ha-Mitzwot geschrieben, genauso wie der Meister Moses Maimonides seligen Andenkens geredet hat.[1] Doch trotz all dem schenkten sie den Worten des Meisters seligen Andenkens keine Beachtung. Vielmehr sprachen sie: "Woher hat der Meister dies? Mit dieser Ansicht steht er doch wohl ganz allein da." Diejenigen, die auf ein Verbot plädieren, sagen, dass die Worte des Meisters Moses Maimonides wahr sind und seine Lehre Wahrheit ist. Der Beweis für seine Lehre komme aus jener Passage im Kapitel H'WMR des Traktates Kidduschin: EIN BLINDER MANN PFLEGTE MISCHNAÄHNLICHE LEHRSÄTZE IN GEORDNETER FORM VOR MAR SAMUEL VORZUTRAGEN. EINES TAGES WURDE ES SCHON DUNKEL, OHNE DASS ER GEKOMMEN WAR. DA SCHICKTE SAMUEL EINEN BOTEN NACH IHM. WÄHREND DER BOTE AUF EINEM WEG[2] DAVONGING, KAM ER SELBST AUF EINEM ANDEREN WEG[3] DAHER. (ALS DER BOTE DANN ZURÜCKKAM,) SPRACH DIESER ZU IHM:[4] DEINE FRAU HAT HUREREI GETRIEBEN. ALS ER VOR SAMUEL HINTRAT, SPRACH DER ZU IHM: WENN ER DIR GLAUBHAFT ERSCHEINT, GEH UND VERSTOSSE SIE! (WENN DU IHM KEINEN GLAUBEN SCHENKEN WILLST, SOLLST DU SIE NICHT VERSTOSSEN) (b Kidduschin 66a). Unsere Rab-

---

1) Moses Ben Jakob von Coucy wirkte um die Mitte des 13. Jahrhunderts und wurde durch sein vom Respondenten genanntes grosses halachisches Werk sehr berühmt. Der Hinweis des Hrsg. auf § 121 der Verbotsliste erscheint mir nicht recht plausibel. Es wäre hier doch vielmehr auf Kap.48 der Hilchot Geruschin hinzuweisen.

2) Statt ʾRZʾ ist mit dem Textus receptus des babylonischen Talmuds sicher ein ʾRḤʾ zu lesen. Siehe schon den Hrsg. zur Stelle.

3) Siehe die vorige Anmerkung.

4) Der Bote zu dem Blinden.

binen und auch der Meister Moses Maimonides seligen Andenkens hätten dazu folgende Erklärung geliefert: Ganz gleichgültig, ob derjenige, der da mitteile: "Deine Frau hat gehurt" ein Mann oder eine Frau, oder ein Verwandter seinerseits oder ein Verwandter ihrerseits sei: Wenn er dem Betreffenden Glauben schenke und sich auf dessen Worte (ganz fest) verlasse, sei ihm die Frau verboten und er müsse sie verstossen.[1] Da wunderte man sich (auf der Gegenseite), wieso eine Frau für ihren Ehemann kraft der Aussage eines Verwandten verboten gemacht werden könne, ja sogar kraft der Aussage einer Frau, wo doch hundert Frauen nicht den Wert eines Mannes hätten.[2] Doch dieses Verbot wird wahrhaftig nicht wegen der Aussage eines Verwandten oder eines Nichtverwandten wirksam. Denn wenn der Ehemann gesagt hätte: "Ich glaube dir nicht", würde sie ihm doch überhaupt nicht verboten werden. Vielmehr beruht das Verbot dem Wesen nach auf seinem eigenen Glauben (an die Wahrheit des berichteten Sachverhaltes). Was brauche ich da zu unterscheiden, ob sein Glaube durch die Mitteilung seiner oder ihrer Verwandten hervorgerufen wurde, oder ob er bei ihm kraft ihres eigenen Geständnisses zustandegekommen ist? Vielmehr gilt: Wann immer er fest glaubt, dass sie unter seiner Gewalt stehend gehurt hat, ist sie ihm verboten; und er muss sich von ihr scheiden lassen. Dies ist wirklich der Grund für unseren Meister Moses Maimonides seligen Andenkens, den er an etlichen Stellen (seines Werkes) schriftlich festgehalten hat: dass er sich von ihr scheiden lassen

---

1) Vergl. Moses Maimonides, Mischne Tora, Hilchot Ischut Kap.24 § 17.

2) Es geht um das Gewicht ihrer Zeugenaussage. Frauen (und Verwandte) können nach jüdischem Recht im Prinzip kein Zeugenamt wahrnehmen. Der Hinweis des Hrsg. auf b Berachot 45b ist mir nicht ganz verständlich.

muss, wenn er ihr Glauben schenkt.[1] Das ist ein einleuchtender, klarer Grund. Einen weiteren Beweis für die Worte unseres Meisters Moses Maimonides seligen Andenkens bildet jene Passage selbst aus dem Traktat Nedarim, wenn du sie nur schön und sorgfältig anschaust. (Es heisst dort ja,) dass man ihr früher Glauben schenkte, wenn sie sagte: "Ich bin für dich unrein", und der Mann verpflichtet war, sich von ihr scheiden zu lassen. Weil man aber den Ehemann besserstellen wollte, REVIDIERTE MAN DIESE REGELUNG UND SAGTE: DAMIT DIE FRAU IHRE AUGEN NICHT AUF EINEN ANDEREN MANN WERFE UND IHM KEINERLEI VERDERBEN ZUFÜGE: (DIE DA SPRICHT: ICH BIN FÜR DICH UNREIN, MUSS EINEN BEWEIS FÜR IHRE WORTE ERBRINGEN)(M Nedarim XI,12). Wenn aber der Ehemann sagt: "An jener besserstellenden Regelung liegt mir nichts! Es ist ganz im Gegenteil verderblich für mich, wenn sie in Anbetracht der Verbotsregelung unter meiner Gewalt verbleibt. Denn ich schenke ihren Worten Glauben, dass sie wirklich unter meiner Gewalt stehend gehurt hat; weil ich nicht glaube, dass sie dies sagt, bloss weil sie auf einen anderen Mann ihre Augen geworfen hat, sondern weil es der Wahrheit entspricht" - dann hat die besserstellende Regelung keine Gültigkeit, die man revisionshalber erliess und in die Worte kleidete: DAMIT DIE FRAU IHRE AUGEN NICHT AUF EINEN ANDEREN MANN WERFE usw. Vielmehr gilt dann die erste Regelung, die dem ersten Mischnasatz entspricht: dass man dann, wenn sie spricht: "Ich bin für dich unrein", ihr diese Aussage glaubt und dass er verpflichtet ist, sich von ihr scheiden zu lassen. Hernach brachten jene, die auf eine Erlaubnis plädieren, wiederum vor: Selbst wenn die Worte unseres Meisters Moses Maimonides wahr seien, seien sie doch von diesem Sachverhalt[2] so weit entfernt wie der Osten vom Westen. Er habe nämlich

---

1) Siehe noch einmal Hilchot Ischut Kap.24 § 18.

2) Dem Sachverhalt im Responsum.

nicht geschrieben, dass sie ihm (einfach so) wegen seines Glaubens (an den Sachverhalt) verboten werde, sondern dann, wenn sie von vorneherein zum Ehemann sage: "Ich bin für dich unrein, weil ich, obwohl unter deiner Gewalt stehend, gehurt habe." Dabei nehme sie aber der Ehemann nicht ins Verhör und ersuche sie nicht, die Wahrheit zu bekennen, ob sie unter seiner Gewalt stehend gehurt habe oder nicht. Von einem Fall, wo sie aufgrund der Befragung und des Verhörs des Ehemanns bekenne, unter seiner Gewalt befindlich gehurt zu haben, rede der Meister[1] nämlich gar nicht, (wenn er sage,) dass sie ihm verboten werde, wenn er ihr Glauben schenke. Weil er nun von einem solchen Sachverhalt nicht rede, sei es doch offensichtlich, dass sie (allein) wegen seines Glaubens (an die Wahrheit der Darstellung) nicht für verboten erklärt werden könne. Dies ist das gewaltige Fundament mit (darauf) eingeschlagenem Zeltpflock für jene, die auf eine Erlaubnis plädieren, und der gewaltige Grund, den sie als Beweis für die Erlaubnis anführen. Auf diesen Grund allein stützten sie sich von vorneherein und erlaubten, dass die Frau weiter mit ihm verheiratet bleibt. Doch diese Logik steht auf schwachen Füssen und ist ziemlich dürftig. Es ist doch äusserst verwunderlich, wie irgendein Mensch mit weisem Herzen das behaupten und einen Unterschied wie diesen konstruieren kann. Denn ICH KENNE DA WEDER CHILLAK NOCH BILLAK (b Chullin 19a).[2] Muss man hier nicht vielmehr einen Schluss vom Leichteren zum Schwereren ziehen? In dem Fall nämlich, wo der Ehemann sie überhaupt nicht verdächtigt, aber sie von vorneherein redet und

1) Moses Maimonides ist gemeint. Siehe S.59 Anm.1.

2) Gemeint ist: Gleichgültig, ob diejenigen, die diesen Unterschied machen, berühmte Namen tragen oder nicht; ihre Argumentation kommt gegen die geltende Halacha nicht an.

sagt: "Ich bin für dich unrein", schreibt der grosse Meister seligen Andenkens, dass er sich von ihr scheiden lassen müsse, sofern er ihr Glauben schenke und sich ihrer Worte sicher sei. Obwohl man sagen kann, dass keine Frau die Frechheit besitzt, ihrem Ehemann zu erklären, dass sie unter seiner Gewalt stehend gehurt habe, und sich verächtlich zu machen, sofern nicht Grund für die Annahme besteht, dass sie ihre Augen auf einen anderen Mann geworfen hat, und man selbst bei dieser Sachlage[1] sagt, dass sie ihm verboten sei, wenn er ihr Glauben schenke, und er sich von ihr scheiden lassen müsse, gilt doch um so mehr in dem Fall, wo er sie entsprechend verdächtigt und sie aufgrund des Verdachtes und des Zornes unter Eid die Wahrheit ihm gegenüber bekennen lassen will, ob sie gehurt habe, und sie dann bekennt, gehurt zu haben, dass man dann wirklich, sofern er ihr Glauben schenkt, sagen muss, dass er sich von ihr zu scheiden hat. Dies ist eine Schlussfolgerung vom Leichteren zum Schwereren, auf die niemand, der Augen hat, mehr etwas erwidern kann, weil sie so klar ist wie die Sonne, die im Zenit steht.

Als nun hernach die Freunde der Frau und die Befürworter einer Erlaubnis sahen, dass die Befürworter des Verbotes am Verbot festhielten, was taten sie da? Sie verpflichteten den Verdächtigten, unter Annahme der Bannandrohung (für den Fall einer Falschaussage) zu erklären, dass er der Frau nicht beigewohnt habe. Allerdings wollte er die Bannandrohung nicht für eine Aussage des Inhaltes entgegennehmen, dass er sie nicht geküsst habe; denn es gab ja Leute, die das gesehen hatten. Deswegen[2] sprach er, dass er sie (immerhin) geküsst habe, es aber aus Versehen getan habe.

---

1) Wo ein Ehebruch wahrscheinlich noch gar nicht erfolgt ist.

2) Mit dem Hrsg. ist statt KY ein LKN zu lesen.

Danach traten sie an diesen Mann mit priesterlicher Herkunft heran und begannen, ihn zu überreden und mit falschen Anschuldigungen zu überhäufen. Männer und Frauen wirkten in so vielfältigen Formen auf ihn ein, bis er seine Aussage revidierte und sprach, dass er jetzt nicht mehr so sehr an die Hurerei seiner Frau glaube, wie er zu Anfang daran geglaubt habe, nachdem (jetzt) der Verdächtigte die Bannandrohung akzeptiert habe. Doch er sprach niemals aus, dass er der Sache überhaupt keinen Glauben schenke. Als das die Befürworter der Erlaubnis vernahmen, beabsichtigten sie, die ganze Angelegenheit nachträglich[1] zu erleichtern, hielten an der Sache fest und sprachen: Weil er jetzt nicht mehr so fest daran glaube wie zu Anfang, sei sie ihm wirklich (als Ehefrau weiter) erlaubt, selbst wenn es nach den Worten des Meisters seligen Andenkens[2] gehen solle. Denn er könne doch von seinem Glauben wieder abgehen, da er mit der Annahme der Bannandrohung durch den Verdächtigten eine plausible Begründung für seine (neue) Aussage liefern könne. Diejenigen aber, die auf ein Verbot plädierten, sagten, dass all dies überhaupt nichts nütze und (ihn) nicht von der Einhaltung des Verbotes befreie. Weil er nämlich von vorneherein beeidet habe, dass er ihr Glauben schenke und er ihrer Worte sicher sei, wonach sie unter seiner Gewalt stehend gehurt habe, und weil er lange Zeit in diesem Glauben verharrt habe, habe er sie sich schon längst zu einem verbotenen Bissen gemacht und könne sie sich nicht wieder mit nichtigen, leeren Worten erlaubt machen. Ausserdem habe er ganz zu Anfang vor Zeugen geschworen, dass nach seiner Erkenntnis der Verdächtigte selbst dann als unglaubwürdig zu gelten habe, wenn er eine Bannandrohung oder sogar[3] hundert Bannandrohungen ak-

1) Oder: "rückwirkend"; hebräisch LMFRʿ.

2) Gemeint ist Moses Maimonides.

3) Mit dem Hrsg. ist ein Wʾ FYLW zu ergänzen.

zeptiere. Es wäre nämlich besser für ihn, die Bannandrohung (als Beweismittel) zu umgehen. Wenn jener einer verheirateten Frau beigewohnt habe, könne er doch nicht mehr zurück und das (Ehe-)Verbot beseitigen.[1] Ferner sei doch dieser Mann mit priesterlicher Herkunft weder ein Gelehrter noch ein (Gelehrten-)Schüler. Vielleicht scheue er sich nicht (einmal) vor einer Sünde, weil (ein ungebildeter Rohling sich vor einer Sünde nicht scheue).[2] Deswegen solle man jetzt seinen (nunmehr) gesagten Worten keine Beachtung schenken, wonach er jetzt nicht mehr so sehr (an den Tatbestand) glaube, wie er zu Anfang an ihn geglaubt habe. Bedeutenderes aber als dies hat unser Meister Chananel zu jener Stelle mit dem Blinden geschrieben,[3] wo Samuel zu ihm sprach: WENN ER DIR GLAUBHAFT ERSCHEINT, GEH UND VERSTOSSE SIE! (b Kidduschin 66a).[4] Unser Meister Chananel hat dazu geschrieben: (ER SPRACH:) VERSTOSSE SIE! WEIL SIE IHM[5] NICHT WIDERSPRACH, WAR DER VERDACHT BEGRÜNDET - SO WIE ER BEI DER EHEBRUCHSVERDÄCHTIGEN FRAU BEGRÜNDET VORLIEGT[6] usw.. Auch dieser ganze Diskussionsgegenstand im Kapitelabschnitt H'MWR[7] sowie im Kapitelabschnitt HNYZQYN[8]

---

1) Das den Mann der ehebrecherischen Frau infolge dieses Vorgangs trifft. Er darf sie ja nicht mehr weiter behalten.
2) Vergl. M Pirke Abot II,5 (6).
3) Gemeint ist der Talmudkommentator Chananel Ben Chuschiel aus Kairuan in Nordafrika, der gegen Mitte des 11.Jahrhunderts wirkte. Ob der nachfolgend zitierte Text ediert vorliegt, konnte ich bei meinen schlechten Arbeitsmöglichkeiten nicht feststellen.
4) Vergl. schon oben auf S.57f.
5) Die des Ehebruchs verdächtige Frau ihrem Mann.
6) Vergl. b Sota 3a.
7) Siehe die nächste Seite.
8) In b Gittin 54b?

lehrt, dass man sich sogar durch Schweigen Dinge zum verbotenen Bissen machen kann, die einem an sich erlaubt sind. Das gilt, wenn jemand sagt: **DEINE REINEN DINGE SIND UNREIN GEWORDEN** (b Kidduschin 65b), oder wenn jemand sagt, dass mit jemand anderes Ochsen Unzucht getrieben worden ist.[1] Er kann dann das Verbot nicht wieder beseitigen. Um so mehr gilt dann hier, wo er sich die Frau durch ausdrückliche Erklärung, Enthaltsamkeitsgelübde und Eid zum verbotenen Bissen macht, dass er das Verbot nicht wieder beseitigen kann. Auch jene Stelle kann hier herangezogen werden, dass **DERJENIGE, DER DA SAGT: ICH FAND EINE ENTJUNGFERTE FRAU VOR, BEGLAUBIGT IST, SICH DIE FRAU ZU VERBIETEN** (b Ketubbot 8b - 9a). Wir aber haben in keinem Zusammenhang, wie er auch sei oder sein kann, eine Möglichkeit gefunden, ihm die Frau zu erlauben, sobald er sie sich erst einmal zum verbotenen Bissen erklärt hat. Denn wenn es so wäre, würde doch die Gemara deswegen nicht schweigen.

Hernach hoben die Befürworter einer Erlaubnis wieder an und sprachen, dass er wirklich seine Meinung ändern und sagen dürfe, dass er jetzt nicht mehr so (an den Tatbestand) glaube, wie er zu Anfang daran geglaubt habe, und dass ihm die Frau erlaubt werden solle. Als Beweis für ihre Worte führten sie an, was wir dort sagen: **WER SICH VON SEINER FRAU SCHEIDEN LÄSST, WEIL SIE EIN GEGENSTAND ÜBLER NACHREDE[2] IST, DARF SIE NICHT WIEDER ZURÜCKNEHMEN** usw.(M Gittin IV,7). Der Grund dafür

---

1) Siehe b Kidduschin 65b - 66a. Wenn in beiden Fällen nur ein einziger Zeuge vorhanden ist und Entsprechendes aussagt, ohne dass der betroffene Eigentümer widerspricht, darf letzterer die Speisen nicht oder nur dann geniessen, wenn er sich selbst im Status der Unreinheit befindet, bezw. den Ochsen nicht als Opfertier darbringen.

2) Mit dem Hrsg. ist vor Rʿ ein ŠM einzufügen.

sei folgender: VIELLEICHT ENTDECKT ER,[1] DASS DIE VORWÜRFE HALTLOS SIND, UND SAGT DANN: HÄTTE ICH GEWUSST, (DASS ES SICH SO VERHÄLT, HÄTTE ICH MICH NICHT EINMAL DANN VON IHR SCHEIDEN LASSEN, WENN MAN MIR HUNDERT MINEN GEGEBEN HÄTTE). DANN WÄRE DER SCHEIDEBRIEF NÄMLICH NICHTIG GEWORDEN UND IHRE KINDER[2] WÄREN BASTARDE[3] (b Gittin 46a). Doch auch wenn er dieses Gebot verletze und sie (vor ihrer Heirat mit einem anderen Mann) wieder zurücknehme, zwinge man sie nicht zur Scheidung von ihm. Wir könnten ja folgendes sagen: ER IST SICH DOCH DESSEN GANZ SICHER GEWORDEN, DASS AN DEM GERÜCHT NICHTS DRAN IST (b Jebamot 25a). Folglich sei jener Mischna zu entnehmen, dass er sehr wohl sagen könne: HÄTTE ICH GEWUSST, (DASS ES SICH SO VERHÄLT) usw..[4] Das wiederum lehre, dass er[5] sagen könne: "Ich glaube (an den Tatbestand) nicht mehr so wie zu Anfang." Auf diesen Beweis gedachten sich die Befürworter einer Erlaubnis in ganz besonderem Masse zu stützen. Nach meiner bescheidenen Erkenntnis ist dies jedoch aus etlichen Gründen nicht der geringste Beweis. Zum ersten: Wer möchte uns sagen, dass jene Bemerkung: UND WENN SICH DIE VORWÜRFE ALS HALTLOS HERAUSSTELLEN (b Gittin 46a) folgendes beinhaltet:[6] ("Ich glaube an den Tatbestand nicht mehr so wie zu Anfang. Vielleicht ist sie gar nicht, was man

---

1) Nachdem die geschiedene Frau einen anderen Mann geheiratet hat.

2) Vom neuen Mann.

3) Um diese Rechtsfolgen zu verhindern, erliessen die Rabbinen die umseitig zitierte Regelung.

4) Der Text von M Gittin IV,7 (und der Gemara in b Gittin 46a) wird von der Gegenpartei e silentio exegesiert.

5) Der Mann im Ausgangsfall des Responsums.

6) Die nachfolgend in Klammern gesetzten Worte sind mit dem Hrsg. zu ergänzen.

ihr vorwirft zu sein."? Vielmehr) ist dort die üble Nachrede als wirklich gegenstandslos befunden worden. (Zum zweiten: Wer möchte uns sagen,) dass jene Aussage: ER IST SICH DOCH DESSEN GANZ SICHER GEWORDEN, DASS AN DEM GERÜCHT NICHTS DRAN IST (b Jebamot 25a), auf seinem persönlichen Glauben beruht, dass er sagt: "Ich glaube jetzt nicht mehr der üblen Nachrede so wie zu Anfang. Vielleicht ist sie gar nicht, (was man ihr vorwirft zu sein.")? Vielmehr liegt dort folgender Fall vor: Man hat den Sachverhalt geprüft und gefunden, dass die Zeugen, die die üble Nachrede aufbrachten oder bezüglich der hässlichen Sache beispielsweise ausgesagt haben, dass sich die beiden einander küssten oder umarmten usw., widerlegt wurden oder gar als falsche Zeugen überführt wurden. Ein Beweis dafür ist auch, dass der Text lehrt: VIELLEICHT STELLEN SICH DIE VORWÜRFE ALS HALTLOS HERAUS (b Gittin 46a?) oder (lehrt): DIE ÜBLE NACHREDE HAT SICH ALS GEGENSTANDSLOS HERAUSGESTELLT usw. (b Jebamot 25a?). Der Text lehrt aber nicht: Vielleicht glaubt er an die üble Nachrede nicht mehr so wie zu Anfang. Aufgrund der Tatsache, dass der Text lehrt: SIE STELLEN SICH HERAUS bezw. ES HAT SICH HERAUSGESTELLT,[1] ist doch zu erschliessen, dass das Ergebnis auf einer gesicherten Tatsache beruht,[2] wie dargelegt worden ist. So ist auch die Aussage zu verstehen: ER IST SICH DOCH DESSEN GANZ SICHER GEWORDEN, DASS AN DEM GERÜCHT NICHTS DRAN IST (b Jebamot 25a). Das heisst, dass dies auf un-

---

1) Mit dem Hrsg. ist statt YMṢʾ ganz sicher ein NMṢʾ zu schreiben, weil der Respondent ja die Verbformen aus den beiden vorher zitierten, im Textus receptus des babylonischen Talmuds freilich so nicht genau nachweisbaren Passagen aufgreift.

2) Die üble Nachrede hat sich als erwiesen unwahr herausgestellt. Von der Änderung der subjektiven Einstellung des Ehemannes ist hier nicht die Rede.

zweifelhaften Tatsachen beruht,[1] da die Zeugen[2] widerlegt wurden oder gar als falsche Zeugen überführt wurden. Dies ist gemeint, wenn der Text lehrt: ER IST SICH DOCH DESSEN GANZ SICHER GEWORDEN usw. (b Jebamot 25a). Niemals aber hat der Text diese Formulierungen gelehrt, weil das Ergebnis (bloss) aufgrund seines persönlichen Glaubens zustande gekommen wäre. Infolgedessen liegt hier überhaupt kein Beweis für ihre Worte vor. Ferner liegt auch noch ein (Gegen-)Beweis darin vor, dass der Text Analoges über die Unfruchtbare und über Gelübde lehrt.[3] Denn (auch dort) hängt die Sache nicht von seinem persönlichen Glauben ab, sondern von einem Tatbestand, der für alle ganz klar vorliegt. Ferner ist abgesehen von dem einen und abgesehen von dem andern auch das noch zu beachten: Selbst wenn es nach ihren Worten ginge, dass die Angelegenheit auf seinem persönlichen Glauben basiere, so ist doch jener Fall, wo sich ein

---

1) Mit dem Hrsg. ist hinter BDBRYM ein BRWRYM zu ergänzen.

2) Die gut- oder bösgläubig Schlechtes über seine Frau verbreitet hatten.

3) Nach M Gittin IV,7 kann ein Mann eine Frau, die er wegen eines von ihr abgelegten Gelübdes verstossen hat, gemäss der Mehrheitshalacha nicht wiederheiraten. Das gilt nach b Gittin 46a auch dann, wenn sich später herausstellt, dass das Gelübde hätte aufgelöst werden können. Nach der halachisch massgeblichen Auffassung Rabbi Jehudas in M Gittin IV,8 kann ein Mann eine Frau, die er wegen Unfruchtbarkeit verstossen hat, ebenfalls nicht wiederheiraten. Das gilt auch dann, wenn sich später herausstellt, dass sie doch gebärfähig ist. Vergl. b Gittin 46b. Holt der Mann die Frau in diesen Fällen aber vor ihrer Heirat mit einem anderen wieder zu sich zurück, so darf man diese Gesetzesverletzung dennoch hinnehmen.

Ehemann wegen einer üblen Nachrede von seiner Frau scheiden lässt, mit diesem überhaupt nicht vergleichbar, wo ein Zeuge zu dem Mann sagt: "Deine Frau hat Hurerei getrieben", und er ihm Glauben schenkt;[1] oder wo sie selbst ein Geständnis ablegt und er ihr Glauben schenkt und sich auf ihre Worte verlässt. Denn in jenem Fall, wo sich jemand von einer Frau wegen einer üblen Nachrede scheiden lässt, wird sie ihm doch überhaupt nicht (schon vor der Scheidung) verboten! Selbst wenn er der üblen Nachrede Glauben schenkt und selbst wenn sie wahr sein sollte,[2] muss er sich doch von ihr nicht scheiden lassen. Denn er muss sie sich doch nicht bloss wegen seines Glaubens an die üble Nachrede zum verbotenen Bissen erklären.[3] Denn ein Zeugnis der Unreinheit kann nur durch Zeugen einer hässlichen Sache konstituiert werden, dass sich die Frau und der andere Mann zum Beispiel umarmt oder geküsst haben, oder dass sie sich gegenseitig aus einem Brunnen emporgeholfen haben[4] usw., wie es im Jerusalemer Talmud geschrieben steht.[5] Und weil sie ihm nicht verboten ist, was haben wir damit zu schaffen, wenn er anderen Sinnes wird und sie (sogar nach einer Scheidung) wieder heiratet[6] und spricht, er habe die Gewissheit erlangt, dass an dem Gerücht

1) Es geht wieder um b Kidduschin 66a und die Argumentation auf S.57ff.
2) Ohne freilich als wahr erwiesen zu sein!
3) Weil ihm die Aussage über die Untreue seiner Frau von Zeugen aus zweiter Hand hinterbracht wurde, die selber gar nichts wahrgenommen hatten.
4) In den die beiden vorher hinabgestiegen sind, um miteinander Unzucht zu treiben.
5) Siehe j Ketubbot VII,6.
6) Sofern die Frau in der Zwischenzeit keinen anderen Mann geehelicht hat und die Anfangsvermutung sich als unwahr erweist.

nichts dran sei? Da hat er sich die Frau doch nicht zum verbotenen Bissen gemacht. Folglich kann er sie wiederheiraten und sagen, was er will. Aber hier, wo ein Zeuge aussagt: "Deine Frau hat gehurt", und er ihm Glauben schenkt, oder wo sie selbst ein Geständnis ablegt und er ihr glaubt, fallen doch beide Vorgänge unter ein- und dieselbe Begründung. Es ist ja so: Weil er ihnen Glauben schenkt, wird sie ihm verboten. Durch seinen Glauben hat er sie sich zum verbotenen Bissen gemacht. Wenn es nun so ist, wie kann er (hernach) glaubhaft sagen: "Ich glaube jetzt nicht mehr so wie zu Anfang (an den Tatbestand)", um das Verbot zu beseitigen? Und wenn jener, DER DA SAGT: ICH FAND EINE ENTJUNGFERTE FRAU VOR, BEGLAUBIGT IST, SICH DIE FRAU ZU VERBIETEN (b Ketubbot 8b - 9a) und sie sich zum verbotenen Bissen zu machen, so beziehen wir das sogar auf den Fall, wo er sich dessen gar nicht sicher sein kann, wie zum Beispiel auf einen (bisher) ledig gebliebenen Mann - wie Raschi seligen Andenkens erläutert hat - der sich gar nicht sicher sein kann, wie eine Nichtjungfrau beschaffen ist.[1] Wenn dieser Mann nun hinterher anderen Sinnes wird und sagt, er sei sich jetzt bei ihr sicher, dass eine Entjungferung nicht vorgelegen habe - kann er dann deswegen das Verbot aufheben? Das kann er doch wahrhaftig nicht! Denn wenn er es könnte, dann wäre doch der Gesetzeslehrer[2] nicht umhingekommen, Entsprechendes zu sagen. Ferner: Wenn es so wäre, dass er sagen dürfte, er sei sich jetzt sicher, dass sie nicht entjungfert gewesen sei; und wenn er auch beim Glauben an den einen Zeugen oder an ihr Geständnis jetzt anderen Sinnes werden und sagen dürfte: "Ich glaube (an den Tatbestand) nicht mehr so wie zu Anfang", so müsste man ihn mit

---

1) Siehe oben S.41f.

2) Von dem die zitierte Bestimmung aus b Ketubbot 8b - 9a stammt.

Blick auf den Mann, der sich von seiner Frau wegen einer üblen Nachrede scheiden lässt, doch folgende Dinge lehren: "Du musst wissen, dass selbst wenn du hernach anderen Sinnes wirst und sagst: 'Ich bin mir[1] dessen sicher, dass sie nicht entjungfert war', oder anderen Sinnes wirst und sagst: 'Ich glaube dem einen Zeugen oder ihrem Geständnis jetzt nicht mehr so wie zu Anfang', du sie dennoch nicht wiederheiraten kannst" - so wie es der (Talmud-)Text bei jenem lehrt, der sich von seiner Frau wegen einer üblen Nachrede oder wegen (vermuteter) Unfruchtbarkeit scheiden lässt.[2] Weil er Derartiges nicht lehrt,[3] muss man daraus schlussfolgern, dass er[4] nicht mehr zurück kann und irgendetwas sagen kann, damit sie ihm (zur Ehe) erlaubt bleibt. Der Grund dafür ist, dass er sie sich zum verbotenen Bissen gemacht hat.

Hernach bekräftigten die Befürworter einer Erlaubnis erneut ihre Meinung und verwiesen auf das Argument mit dem erwähnten plausiblen Grund.[5] Sie sagten, dass er, obwohl er sie sich zum verbotenen Bissen gemacht habe, das Verbot kraft eines plausiblen Grundes aufheben kön-

---

1) Statt LYH ist sicher LY zu lesen.

2) In den Fällen von M Gittin IV,7 wird der Mann nach b Gittin 46a bei der Scheidung ausdrücklich auf die Unwiderrufbarkeit des Rechtsaktes hingewiesen, um ihn unanfechtbar zu machen. Könnte der Ehemann, der seine Frau entjungfert bezw. als Ehebrecherin vorgefunden zu haben glaubt, seine Meinung ändern und das sich auferlegte Verbot aufheben, müsste ihm spätestens bei der Scheidung ein vorsorglicher Hinweis ähnlich wie in b Gittin 46a gegeben werden, damit das Verbot bezw. die Scheidung irreversibel würde.

3) Der Talmudtext von b Ketubbot 8b - 9a verlangt zum Beispiel eine solche Verwarnungsformel nicht.

4) Der Mann im Ausgangsfall des Responsums.

5) Siehe S.62.

ne. Zum Beweis führten sie jene Stelle an: SAGT EINE FRAU: ICH BIN VERHEIRATET, UND REVIDIERT SIE DIES DANN UND SPRICHT: ICH BIN LEDIG, SO WIRD IHR DORT GEGLAUBT, WO SIE EINEN PLAUSIBLEN GRUND FÜR IHRE WORTE LIEFERT (b Ketubbot 22a). Hier liege kein anderer Fall vor. Die Befürworter eines Verbotes sagen, dass das Argument, es liege ein plausibler Grund vor, hier aus etlichen Gründen nicht stichhaltig sei. Zum einen habe er doch ganz zu Anfang geschworen, dass man seiner Auffassung nach von dem Verdächtigten nicht einmal hundert Bannandrohungen (gegen sich selbst) akzeptieren könne. Wenn es sich so verhalte, sei ihm doch der plausible (Revisions-)Grund schon von Anfang an bekannt gewesen. Er habe also gewusst, dass der Verdächtigte laut schreien werde, man möge doch eine Bannandrohung über ihn verhängen, nur um sich als unschuldig darzustellen. Trotzdem[1] habe er dessen Verhalten nicht als plausiblen Grund angesehen, um seinen Glauben (an den Tatbestand) zu mindern. Erst jetzt, da man ihn durch Zureden betört und in Schrecken versetzt habe, sage er, dass ihm das Verhalten des Angeschuldigten teilweise etwas bedeute. Folglich könne man die (neuen) Ausführungen des Ehemanns nicht akzeptieren. Ferner gelte für den plausiblen Grund doch folgendes: Es dürfe sich dabei nicht um eine Kleinigkeit handeln. Vielmehr benötigten wir bei einem plausiblen Grund, dass er starke Substanz aufweise und für jedermanns Auge einsichtig sei. Die Begründung müsse über jeden Zweifel erhaben sein. So sei es aus der Lehrformulierung abzuleiten:[2] WENN SIE EINEN PLAUSIBLEN GRUND FÜR IHRE WORTE LIEFERT (b Ketubbot 22a). Der Text lehre nämlich dort nicht: Wenn sie ihre Worte (bloss so) be-

---

1) Die Formulierung W'M KL ZH ist merkwürdig, weil der adversative Aspekt nicht recht in den Argumentationszusammenhang passt.

2) Das erste QTNY ist mit dem Hrsg. zu streichen.

gründet, darf ihr geglaubt werden. Denn wir verlangen bei einer plausiblen Begründung, dass sie für uns erkennbar wahr und ohne betrügerische Ausflüchte ist. Das heisst: Der Begriff der Ablieferung (einer plausiblen Begründung) ist so zu verstehen wie in dem Bibelvers: SIE SOLLEN IHRE ZEUGEN LIEFERN; (DANN SOLLEN SIE RECHT BEKOMMEN) (Jes.43,9).[1] So hat es auch der Meister Moses Maimonides seligen Andenkens geschrieben, dass wir bei einem plausiblen Grund eine substantielle Aussage benötigen.[2] Aber eine blosse Ausrede, wie sie auch sein mag, ist für nichts zu erachten. Folglich liegt hier überhaupt kein plausibler Grund vor.[3] Zur Mehrung der Tora (-kennntnis) gilt es darüber hinaus auch noch zu differenzieren; denn dieser Sachverhalt[4] ist mit dem der Frau, die da aussagt, ICH BIN VERHEIRATET (b Ketubbot 22a), nicht zu vergleichen. Denn wenn sie dort spricht: ICH BIN VERHEIRATET, hat sie von vorneherein nicht so geredet, um sich (tatsächlich jemanden) zum verbotenen Bissen zu machen. Am Ende sagt sie ja, dass sie nicht verheiratet war und das nur deswegen ausgesagt habe, um sich selbst einer Bande zuchtloser Frechlinge entziehen zu können.[5] Folglich ist die Aussage dort gar nicht passend, dass kraft dieses plausiblen Grundes das

---

1) Im hebräischen Text wird mit dem Bedeutungsfeld der Wurzel NTN gearbeitet. Die Argumentation mit dem biblischen Belegvers wirkt trotzdem eigenartig.
2) Mischne Tora, Hilchot Ischut Kap.9 § 31.
3) Demzufolge der Ehemann im Ausgangsfall des Responsums seine frühere Aussage glaubwürdig umstossen könnte.
4) Der Sachverhalt im Ausgangsfall des Responsums.
5) Sie wollte keinem dieser Männer ein Heiratsversprechen geben und stellte vor ihnen die Schutzbehauptung auf, bereits verheiratet zu sein. Siehe b Ketubbot 22a.

Verbot[1] beseitigt wurde. Denn nach ihren eigenen Worten hat dort doch überhaupt kein Verbot bestanden. Der von ihr angeführte plausible Grund sollte nur ein sinnvolles Motiv dafür liefern, warum sie ganz zu Anfang eine derartige Aussage gemacht hatte. Was aber die Aussage angeht: ICH FAND EINE ENTJUNGFERTE FRAU VOR (b Ketubbot 9a), oder die Aussage eines Zeugen oder ihr eigenes Geständnis, (so gilt da folgendes:) Wenn er den Dingen Glauben schenkt, macht er sich die Frau durch seine Aussage: ICH FAND EINE ENTJUNGFERTE FRAU VOR, oder durch seinen Glauben an die Worte des Zeugen oder an ihr eigenes Geständnis in dieser Stunde wahrhaftig zum verbotenen Bissen. Wie kann aber bei solch einer Sachlage das Verbot selbst dann beseitigt werden, wenn der plausible (Revisions-)Grund stark substanziiert ist? Folglich liegt da keinerlei Vergleichbarkeit vor.[2] Dies gilt erst recht bei einem mangelhaften, schwachen Grund, zumal er sich ja auch selbst unter Eid verpflichtet hatte, ihn unter welchem Vorwand auch immer nicht zu akzeptieren. Deswegen kann jeder, der weisen Herzens ist, einsehen und erkennen, dass er all das, was er jetzt sagt, nur vorbringt, weil er betört und in Furcht versetzt wurde; oder er bereut vielleicht auch, dass er sie sich für verboten erklärte,[3] und will sie sich nun - auf welche Weise er es auch immer vermag - wieder erlaubt machen. Über einen derartigen Fall jedoch ist zu sagen: NIEMAND IST ALS ZEUGE IN EIGENER ANGELEGENHEIT GLAUBWÜRDIG (M Ketubbot II,9); UND OBWOHL ES KEINEN (biblischen) BEWEIS FÜR DIE SACHE GIBT, GIBT ES (dort) GLEICHWOHL DIESBEZÜGLICHE ANDEUTUNGEN (b Berachot 2a u.a.),* da die priesterlichen Eheverbote nicht als geringwertig

---

1) Das Verbot, jemanden zu ehelichen.

2) Zwischen dem Ausgangsfall des Responsums und dem Fall von b Ketubbot 22a.

3) Statt ‘ṢMH ist doch wohl ‘ṢMW zu lesen.

eingeschätzt werden dürfen. Das gilt erst recht in einem Fall, wo zwei Aspekte betroffen sind. Denn hier geht es zum einen um ein in allen Situationen gleich geltendes Verbot, das auf dem Fall des Rabbi Sacharja Ben ha-Kazzab basiert, zu dem man sagte: NIEMAND IST ALS ZEUGE IN EIGENER ANGELEGENHEIT GLAUBWÜRDIG (M Ketubbot II,9).[1] Obwohl wir beim Verbot kriegsgefangener Frauen[2] im ganzen Talmud Erleichterungen vorgenommen haben[3] und obwohl Rabbi Sacharja Ben ha-Kazzab ein Priester und Gelehrter war, der sich vor einer Sünde scheute, so sagte man zu ihm trotzdem: NIEMAND IST ALS ZEUGE IN EIGENER ANGELEGENHEIT GLAUBWÜRDIG. Da gilt erst recht bei einem ungebildeten Rohling priesterlicher Herkunft, der nicht sündenscheu ist, dass man ihm nicht zu glauben hat, wenn er von seinem anfangs sich selber auferlegten Verbot wieder abgeht.[4] Ferner gilt: Wenn diese Verbote bei Präsentierung eines plausiblen Grundes aufgehoben werden

---

1) Der Gesetzesgelehrte sagte aus, dass bei der Eroberung Jerusalems durch die Römer seine Frau ständig bei ihm gewesen und von den Heiden nicht geschändet worden sei. Ihm wurde geantwortet, dass in einer von Nichtjuden eroberten jüdischen Stadt alle Frauen von Priestern für ihre Ehemänner verboten würden, weil im Normalfall davon auszugehen sei, dass sie vergewaltigt würden. Seine Aussage allein reiche nicht aus, um seine Frau weiter behalten zu können.

2) Unter die Kategorie der kriegsgefangenen Frauen fallen auch Frauen in Städten, die durch Nichtjuden belagert und eingenommen werden, ohne dass es zu Verschleppungen kommt. Priesterliche Ehemänner dürfen solche Frauen im Normalfall nicht weiter behalten.

3) Siehe insbesondere b Ketubbot 27a-b.

4) Es kommt ja bei dem Ehemann im Responsum verschärfend hinzu, dass er sich die Ehefrau schon vorweg aus eigener Entscheidung verboten hat.

könnten, warum hat der Text dann keine Lehraussage im Falle dessen gemacht, der sich von seiner Frau wegen einer üblen Nachrede scheiden lässt? Er müsste dann doch lehren, dass er ihr bei derartigen Verboten kundtun müsste,[1] dass er sie selbst beim Ausfindigmachen eines plausiblen Grundes nicht zurücknehmen kann, damit er ihr nicht schaden kann und er ihre Kinder (aus nachfolgender Ehe) nicht zu Bastarden macht.[2] Auch bei keinem der Geonim oder der bedeutenden halachischen Dezisoren gesegneten Andenkens haben wir geschrieben gefunden, dass er zum Zeitpunkt der Scheidung eine solche Formulierung vorbringen müsste. Folglich lässt sich zugunsten jener Begründung[3] nichts anführen. Heil komme über Israels Richter, wie es der Unterzeichner begehrt: Mordechai, der Sohn von Herrn Isaak. DER GERECHTE SOLL DURCH SEINEN GLAUBEN LEBEN (Habakkuk 2,4).[4]

---

1) Statt LHWDYʿW ist doch wohl LHWDYʿH zu lesen.

2) Doch Talmud und Mischna verlangen eine solche Erklärung nicht, weil die auf S.72f erfolgte Definition des plausiblen Grundes überhaupt nicht zu dem Fall passt, wo eine infolge üblen Leumunds der Ehefrau erfolgte Scheidung revidiert werden soll. Im übrigen verläuft die Argumentation hier ganz parallel zu S.69f.

3) Die die Partei des Ehemannes priesterlicher Abstammung auf S.70f als Argument angeführt hat, um ihm die Rücknahme der Verboterklärung bezw. Scheidungsabsicht zu ermöglichen.

4) Text in: TŠWBWT ḤKMY PRWBYNṢYʾ, a.a.O., S.150ff § 49.

Einmal trat ein Mann vor den jüdischen Gerichtshof unseres Lehrers, des Meisters Herrn Mordechai und des grossen Gelehrten Herrn Abraham gesegneten Andenkens. Dabei sagte er: "Ihr sollt wissen, meine Herren, dass meine Frau gehurt hat. Ich weiss dies. Der Sachverhalt steht für mich in gänzlicher Klarheit fest; und es gibt kraft der Aussage jener, die davon wissen, mit Blick auf das von Augen Gesehene und von Ohren Gehörte nicht den geringsten Zweifel daran. Deswegen trete ich vor euch hin, damit ihr vor mir entscheidet, wie ich mit ihr verfahren soll: ob nämlich kraft dieser Aussage meine Frau für mich verboten wird oder (mir weiter als Ehefrau) erlaubt bleibt." Als der jüdische Gerichtshof seine Worte vernommen hatte, sprach man zu ihm: "Du sollst wissen, dass es eine grosse Sünde ist, wenn man üble Nachrede über die Töchter Israels bringt. Vielleicht redest du (nur) aus Zorn so oder verdächtigst sie in lügenhafter Phantasie. Das aber wäre ein strafrechtliches Vergehen. Oder du grämst dich vielleicht auch über das von uns (allen) vernommene Gerücht bezüglich dessen, was ihr beim (nichtjüdischen) Machthaber widerfuhr.[1] Deswegen überdenke die Sache heute noch einmal und tritt morgen wieder vor uns hin!" Mit allen möglichen Worten dieser Art drangen sie in ihn,[2] er möge sensibel in seiner Angelegenheit vorgehen und nach der Wahrheit forschen. Am Ende der Reden aber sprach er: "Meine Herren! Ihr müsst wirklich zur Kenntnis nehmen, dass ich jene Aussagen nicht mit Blick auf den Fürsten mache, sondern weil ich mit eigenen Augen

---

1) Der hebräische Text ist korrupt und ist von mir in Anlehnung an den Hrsg. zur Stelle sinngemäss paraphrasiert worden. Die Frau scheint von dem Nichtjuden vergewaltigt worden zu sein.

2) Statt MKTŠYN ist doch wohl MBTŠYN zu lesen. Die Überlegungen des Hrsg. zur Stelle wären dann gegenstandslos.

soviel Einblick in die Sache bekommen habe, dass ich der Aussage Glauben schenke, wonach sie, obwohl meiner Gewalt unterstehend, wahrhaftig (mit einem anderen) gehurt hat. Ferner sollt ihr zur Kenntnis nehmen, meine Herren, dass ich sie etliche Male verwarnt habe: 'Sei nicht mit dem und dem oder mit einem anderen bestimmten Mann heimlich zusammen!' Doch ich entdeckte, dass sie meine Verwarnung etliche Male missachtete. Auch ihr, meine Herren, habt vernommen, dass sie frech und aller möglichen schlimmen Dinge verdächtig ist. Vielleicht, meine Herren, erscheint euch die Sache zweifelhaft.[1] Ich jedoch bin mir ihrer sicher." Als die Gelehrten die Rede angehört hatten, sprachen sie zu ihm: "Du musst wissen, dass jeder, der diesen seine Frau betreffenden Dingen Glauben schenkt - sei es, dass er die Überzeugung aus sich selbst heraus gewonnen oder von anderen vermittelt bekommen hat - sich nach den Gesetzen des Himmels von ihr scheiden lassen muss. Sie ist dir somit also verboten." Da bat er bezüglich dieser Entscheidung um eine Urteilsausfertigung des jüdischen Gerichtshofes. Diese wurde dann auch geschrieben und mit dem Ring der (beiden) Grossen gesiegelt.
Nach einiger Zeit aber bemächtigte sich heftige Leidenschaft seines Herzens. ER GEDACHTE DER WASCHTI UND DES IHRETHALBEN VERHÄNGTEN URTEILS (Esther 2,1),[2]* und ging einige Gelehrte um einen Entscheid an, ob er seine Worte wieder zurücknehmen könne. E(ine)r lehrte ihm, dass er davon zurücktreten könne, aber diesbezüglich[3] die Gelehrten um ihre Meinung angehen solle.
Dies ist es nun, was der Meister, unser Lehrer Herr Abraham, der Sohn von Herrn Isaak seligen Andenkens, zu

---

1) Die Sache mit dem Ehebruch.
2) Waschti war mit Sicherheit nicht der authentische Name der Ehefrau im Responsum, zumal sie im Estherbuch eine negative Rolle spielt.
3) Zur Prozedurfrage?

diesem Fall geschrieben hat:[1]
Wir lernen im zweiten Kapitel des Traktates Ketubbot folgendes: SAGT EINE FRAU: ICH BIN VERHEIRATET, UND REVIDIERT SIE DIES DANN UND SPRICHT: ICH BIN LEDIG, SO WIRD IHR GEGLAUBT. ABER DAMIT HAT SIE SICH SELBST DOCH ZUM VERBOTENEN BISSEN GEMACHT![2] RAV HUNA SPRACH: WENN SIE ZUM BEISPIEL EINEN PLAUSIBLEN GRUND FÜR IHRE WORTE LIEFERT.[3] AUCH (in einer Baraita) WIRD JA SO GELEHRT usw. (b Ketubbot 22a). Aus jener Stelle können wir entnehmen, dass sie, sofern sie sich selbst zum verbotenen Bissen macht, selbst nach längerer Zeit von ihrer Erklärung zurücktreten darf, sofern sie einen plausiblen Grund für ihre Worte liefert. Das gilt sogar bei einer Angelegenheit, wo sie keinem anderen[4] kraft ihrer Aussage einen Nachteil aufgrund dessen bereitet, wozu sie nunmehr verpflichtet wird.[5] Zum Beispiel war sie in diesem Fall als Ledige keinem irgendwie unterworfen. Als sie aber sagte:

---

1) Also einer der beiden Richter, die das präsentierte Problem in der ersten Instanz behandelt hatten.

2) Diese Bemerkung bildet in der talmudischen Diskussion ein Gegenargument zum vorher Gesagten. Wenn sie erst einmal zugibt, verheiratet zu sein und damit allen anderen Männern abgesehen von ihrem Ehemann verboten ist, wie kann sie dann dieses Verbot durch eine einfache spätere Erklärung wieder aufheben?

3) Falls sie plausibel zu begründen vermag, warum sie zuerst fälschlich vorgegeben hat, verheiratet zu sein, soll man ihr jetzt Glauben schenken.

4) Sondern nur sich selbst! Statt L'HR erwartet man eigentlich ein aramäisches L'ḤRYN'.

5) Allein mit ihrer Aussage, sie sei verheiratet, legt sie keinem anderen Mann, auch nicht dem von ihr konkret bezeichneten, eine eheliche Verpflichtung auf. Sie beschränkt dadurch nur sich selbst in ihrer eigenen (Heirats-)Freiheit.

ICH BIN VERHEIRATET (b Ketubbot 22a), sprach sie dies nur zu ihrem eigenen Nachteil. Denn ursprünglich war sie doch ledig gewesen und allen auf der Welt zur Ehe erlaubt, für die es passend war, (eine Ehe einzugehen). Als sie nun jedoch sprach, dass sie verheiratet sei, wurde sie allen mit Ausnahme jenes Mannes verboten, von dem sie hernach kundtat, dass er ihr Mann sei. Doch selbst bei solch einer Sachlage sagen wir: Wenn sie nach längerer Zeit ihre Aussage revidiert und einen sinnvollen Grund dafür liefert, warum sie zu Anfang so gesprochen hat, nämlich: "Aus dem und dem Grund habe ich diese Aussage gemacht"; und wenn wir sehen, dass in ihren Ausführungen wirklich Substanz ist, dann gilt sie als glaubwürdig. Denn wir sagen dann: "Jetzt hat sie die Wahrheit gesprochen; und was sie vorher gesagt hat, ist belanglos." Denn obgleich sie sich durch ihre erste Aussage zum verbotenen Bissen gemacht hat, ist doch jene Aussage völlig belanglos und einer gar nicht vorhandenen gleichzuachten. Folglich lernen wir aus dem Traktat Kidduschin im Kapitel H'WMR dieses: SAGT JEMAND: ICH HABE DICH MIR ANGETRAUT, UND SAGT SIE DARAUF: DU HAST MICH DIR NICHT ANGETRAUT, DARF ER IHRE VERWANDTEN NICHT EHELICHEN usw. (M Kidduschin III, 10).[1] Obwohl er sie sich ganz speziell zur Frau bestimmt, weil er ja zu ihr spricht: ICH HABE DICH MIR ANGETRAUT, und obwohl der Text von dem Fall handelt, WO JEMAND SPRICHT: ICH HABE DICH MIR VOR ZEUGEN ANGETRAUT, DIE IN EINE ANDERE PROVINZ GEGANGEN SIND (b Kidduschin 65a),[2] - denn wenn er nicht so geredet hätte, sondern gesagt hätte: "Ich habe dich mir ohne Zeugen angetraut", dann wäre die Antrauung selbst dann ungültig gewesen, wenn

---

1) Mit dieser Behauptung macht er sich zum Beispiel die Schwestern oder die Mutter der Frau als Ehegattinnen verboten. Er darf diese Personen nicht heiraten.

2) Eine Antrauung ist im Prinzip nur dann gültig, wenn sie vor zwei qualifizierten Zeugen vollzogen wird.

sich beide Partner dazu bekannt hätten; denn wir sind uns dessen sicher, dass die Halacha nach Samuel geht.[1] Vielmehr handelt der Text wirklich von dem Fall, wie er von mir erläutert wurde - so sagen wir selbst bei solch einer Sachlage: Dass er für ihre Verwandten (zur Heirat) verboten ist, davon handelt der Text nur solange, wie er dieses Argument vorbringt.[2] Denn wenn er sagt: "Ich habe dich (mir) angetraut", hat er ihre Verwandten für sich zum verbotenen Bissen gemacht. Aber wenn er hernach argumentiert, dass er nicht die Wahrheit gesagt habe und sie (sich) niemals angetraut habe, und dass er eine derartige Behauptung zu Anfang nur aufgestellt habe, weil eine ihrer Verwandten von ihm geheiratet zu werden verlangte,[3] oder wenn er ein anderes Argument liefert, so dass seine Worte Substanz haben, dann sind ihm hernach ihre Verwandten wahrhaftig (zur Ehe) erlaubt. Denn die Aussage: "Ich habe dich (mir) angetraut", ist von keinem grösseren Gewicht als die Aussage (einer Frau): "Ich bin verheiratet" oder als ihre Aussage gegenüber ihrem Mann: ICH BIN (MENSTRUATIONS-)UNREIN, WOBEI SIE DANN innerhalb der Zeitspanne[4] IHRE AUSSAGE REVIDIERT UND SPRICHT: ICH BIN REIN. Denn wir sagen: AUCH WENN SIE IN DIESEM FALL EINE PLAUSIBLE BEGRÜNDUNG FÜR IHRE (früheren) WORTE LIEFERT, SO WIRD IHR GEGLAUBT (b Ketubbot 22a-b).

Wir lernen im Kapitel H'WMR des Traktates Kidduschin: EIN BLINDER[5] (PFLEGTE MISCHNAARTIGE LEHRSÄTZE IN GEORDNETER FORM VOR MAR SAMUEL VORZUTRAGEN. EINES TAGES WURDE ES SCHON DUNKEL, OHNE DASS ER KAM. DA SCHICKTE SAMUEL EINEN

---

1) Der in b Kidduschin 65a schon eine vor nur einem Zeugen vollzogene Antrauung als gegenstandslos erklärt.
2) Das Argument, an der Frau die Antrauung vollzogen zu haben.
3) Die der Mann aber absolut nicht haben wollte.
4) Während der sie aufgrund ihrer Unreinheit keinen Beischlaf ausüben darf.
5) Der Talmudtext wird nur abgekürzt zitiert.

BOTEN NACH IHM. WÄHREND DER BOTE AUF EINEM WEG DAVONGING, KAM ER SELBST AUF EINEM ANDEREN WEG DAHER.) ALS DER BOTE (ZURÜCK-)KAM, SPRACH DIESER ZU IHM, DASS SEINE FRAU GEHURT HABE. ALS ER VOR SAMUEL HINTRAT, SPRACH DER ZU IHM: WENN ER DIR GLAUBHAFT ERSCHEINT, ALS OB DIE AUSSAGE VON ZWEIEN GEMACHT WORDEN WÄRE, GEH UND VERSTOSSE SIE![1] (b Kidduschin 66a). Das ist so zu deuten: "Du bist nach den Gesetzen des Himmels verpflichtet, dich von ihr scheiden zu lassen und ihr ihre Ketubba auszuzahlen." Der Grund ist folgender: Weil er sich der Worte des einen Zeugen sicher ist, darf er ihr solange nicht beiwohnen, wie er dieser Meinung ist. Denn er schenkt ja seinen Worten Glauben; und sie wird ihm gemäss seinem Glauben verboten. Obwohl er dies nicht mit Sicherheit weiss, weil hier ja keine klare Zeugenaussage, nämlich die Aussage zweier Zeugen, vorliegt, ist er selbst so verpflichtet, sich von ihr scheiden zu lassen. Denn weil er seinen Worten Glauben schenkt, ist die Angelegenheit für ihn wie ein zweifelhafter Sachverhalt; und er muss sich von ihr scheiden lasssen, um den Erfordernissen des Zweifelsfalls Genüge zu leisten. So formuliert es der Meister Moses Maimonides in Kapitel 18: DANN MUSS SICH DIESER MANN VON IHR SCHEIDEN LASSEN, UM DEN ERFORDERNISSEN DES ZWEIFELSFALLS GENÜGE ZU LEISTEN. Soweit das Zitat.[2] Weil er aber nur deswegen zur Scheidung von ihr verpflichtet ist, um den Erfordernissen eines Zweifelsfalles Genüge zu leisten, (gilt auch folgendes:) Wenn er nach einiger Zeit entgegengesetzter Meinung wird und dem Betreffenden keinen Glauben (mehr) schenkt - und zwar nicht nur dann, wenn er eine plausible Begründung und sinnvolle Erklärung für seine (neuen!) Aussagen liefert, weswegen er ihm jetzt nicht mehr glaubt und sich seiner Worte nicht mehr sicher ist - ist er nicht (mehr) ver-

---

1) Zu dem hier zitierten Talmudtext vergl. schon die Diskussion auf S.57f oben.

2) Siehe Mischne Tora, Hilchot Issure Bi'a Kap.18 § 8.

pflichtet, sich von ihr scheiden zu lassen, sofern er sich bisher noch nicht von ihr hat scheiden lassen. Sie wird ihm dann (wieder) erlaubt. Vielmehr braucht er sich auch dann nicht von ihr scheiden zu lassen, wenn er entgegengesetzter Meinung wird und (ohne Anführung einer plausiblen Begründung)[1] spricht, dass er dem Gewährsmann nichts mehr von dem glaubt, was er ausgesagt hat, sofern er sich bisher noch nicht von ihr hat scheiden lassen. Sie wird ihm damit jetzt (wieder) erlaubt. Denn in allen Fällen, wo er dem Gewährsmann glaubt und sich seiner Worte sicher ist, wird diese Frau für ihn wie ein Bissen, bei dem es zweifelhaft ist, ob er aus verbotenem oder aus erlaubtem Tierkörperfett besteht. Denn obwohl er sich der Worte des Gewährsmannes sicher ist, stellt die Sache für ihn selbst doch keineswegs eine ganz klare Angelegenheit dar, dass diese Frau also wirklich für ihn verboten ist, weil es ja keine zwei Zeugen ausgesagt haben. Folglich gilt: Sobald er bezüglich des Sachverhaltes entgegengesetzter Meinung wird und dem Gewährsmann nicht (mehr) glaubt, ist jener Zweifel, ob ein Verbot vorliegt, von dieser Frau gewichen. Diese Frau gleicht dir(!) dann einem Bissen, bei dem zweifelhaft war, ob er aus verbotenem oder aus erlaubtem Tierkörperfett bestand, und bei dem ihm hernach klar wurde, dass er aus erlaubtem Tierkörperfett bestand. Denn als die Sache zweifelhaft war, war der Bissen für ihn aus Zweifelsgründen verboten; und als es für ihn klar war, dass der Bissen aus erlaubtem Tierkörperfett bestand, wurde er für ihn erlaubt. Auch diese Frau entspricht jenem Fall.

Wir lernen am Ende des Traktates Nedarim: ANFANGS HIESS ES: DREIERLEI FRAUEN WERDEN GESCHIEDEN UND BEKOMMEN DIE KETUBBA AUSGEZAHLT: DIE DA SAGT: ICH BIN FÜR DICH UNREIN usw.. SPÄTER REVIDIERTE MAN DIESE REGELUNG UND SAGTE, DA-

---

1) Mit dem Hrsg. ist sinngemäss ein BLY ŠWM ʾMTLʾ zu ergänzen.

MIT DIE FRAU IHRE AUGEN NICHT AUF EINEN ANDEREN MANN WERFE UND IHREM EHEMANN NICHT ZUM VERDERBEN GEREICHE: DIE DA SPRICHT: ICH BIN FÜR DICH UNREIN, MUSS EINEN BEWEIS FÜR IHRE WORTE ERBRINGEN (M Nedarim XI,12).[1] Dies ist so zu erklären: Sofern sie keine Zeugen dafür beibringen kann, dass sie (als Ehefrau eines Mannes priesterlicher Herkunft) vergewaltigt worden ist, bleibt sie ihm erlaubt.[2] Denn sie hat nicht das geringste Recht, sich ihm gegenüber zum verbotenen Bissen zu machen, in Anbetracht dessen, wozu sie ihm gegenüber verpflichtet ist. Denn das gleicht dem Fall dessen, der zu seinem Nächsten sagt: **DEINE RITUELL REINEN DINGE SIND UNREIN GEWORDEN** (b Kidduschin 65b). Widerspricht ihm dann jener, ist er[3] nämlich nicht glaubwürdig. Auch der Fall hier[4] ist wie jener Fall zu bewerten;[5] denn da diese Frau gegenüber ihrem Ehemann zum Beischlaf verpflichtet ist, ist sie für ihn wie seine rituell reinen Dinge. Der Grund für den früheren Mischnasatz war folgender: Weil sie sich (mit einer derartigen Aussage) verächtlich macht, würde sie doch nicht so reden, wenn es nicht der Wahrheit entspräche.[6] Einer liefert dazu folgende Erklärung:[7] **WEIL MAN SICH SORGE MACHEN MUSS, DASS SIE IHRE AUGEN AUF EINEN ANDEREN MANN GEWORFEN HAT, DARF ER SIE SICH ALS EHEFRAU NICHT MEHR WEITER ERHALTEN. DENN SONST BESTEHT DIE GEFAHR, DASS AUS DER EHE KINDER HERVORGEHEN, DIE UNTER DIE NEUN KATEGORIEN FALLEN.**[8] Aber die Halacha richtet sich

1) Siehe schon S.55f.
2) Siehe schon S.55 Anmerkung 1.
3) Der die Behauptung aufgestellt hat.
4) Der Fall in der Mischna.
5) Der Fall von b Kidduschin 65b.
6) Vergl. b Nedarim 91a.
7) Die zitierte Quelle ist nicht zu ermitteln, worauf schon der Hrsg. hinweist.
8) Nach b Nedarim 20b entstehen bei neun Formen des ehe-

nicht nach dem früheren Mischnasatz; sondern die Halacha geht nach dem späteren Mischnasatz, wonach der Frau, die da sagt: "Ich bin für dich unrein", nicht geglaubt wird, ehe sie nicht einen Beweis für ihre Worte beibringt. Aber diese Bestimmung behandelt nur den Fall, wo er ihr keinen Glauben schenkt und sich ihrer Worte nicht sicher ist. Wenn er sich aber ihrer Worte sicher ist, muss er sich von ihr scheiden lassen, um den Erfordernissen des Zweifelsfalles Genüge zu leisten - analog zu dem Recht, das beim Vorhandensein von (nur) einem einzigen Zeugen anzuwenden ist.[1] Denn all das, was bei der Aussage von bloss einem Zeugen gilt, ohne dass ein zweiter Zeuge mit ihm verbunden werden kann, gilt auch beim Zeugnis, das eine Frau ablegt. So hat es auch der Meister Moses Maimonides seligen Andenkens in Kapitel 18 geschrieben: dass wenn er sich ihrer Worte sicher ist, er sich von ihr scheiden lassen muss, um den Erfordernissen des Zweifelsfalles Genüge zu leisten.[2] Der Grund der Bestimmung ist folgender: Weil er ihren Worten Glauben schenkt, ist es für ihn so, als ob einer (zu jemandem) gesagt hätte: "Deine rituell reinen Dinge sind unrein geworden", wozu dieser (Angesprochene) schweigt. Denn weil er ihm glaubt, gilt er als glaubhaft, wie es im Kapitel Hʾ WMR des Traktes Kidduschin geschrieben steht.[3] Folglich handelt die Mischna wirklich (nur) von dem Fall, wo er ihr keinen Glauben schenkt. Sie hat nicht das geringste Recht,[4] sich kraft dieser von ihr gemachten Aussage von der Pflicht zu befreien, der sie ihm

---

(Fortsetzung von Anmerkung 8 der vorigen Seite:)
lichen oder ausserehelichen Beischlafs, wo bei den Partnern ganz bestimmte Dinge moralisch nicht in Ordnung sind, besonders sündige Kinder.

1) Vergl. b Kidduschin 65b - 66a.

2) Siehe Mischne Tora, Hilchot Issure Biʾa Kap.18 § 8.

3) Siehe b Kidduschin 65b. Das Schweigen wird als Akzeptierung der Zeugenaussage gedeutet.

4) Mit dem Hrsg. ist statt KMYNYH ein KMYNH zu lesen.

gegenüber nachzukommen hat. Vielmehr sagen wir dazu folgendes: Sie erzählt ihm Lügen und hat (in Wirklichkeit) ihre Augen auf einen anderen Mann geworfen oder hegt einen Hass gegen ihn. Da braucht man sich dann wegen ihrer Aussage keine Sorgen zu machen. Aber mit Blick auf eine Angelegenheit, die nur sie selbst betrifft, wie zum Beispiel den Genuss der Hebe, ist sie glaubwürdig. Denn wir sind uns dessen sicher, dass die Sache nach Rabba geht, der (zeitlich) an letzter Stelle steht und gesagt hat: SIE SOLL DAVON NICHT ESSEN (b Nedarim 90b), dass sie die Hebe für sich[1] zum verbotenen Bissen macht.[2] So hat auch der Meister Moses Maimonides in Kapitel 8 des Traktates über die Priesterhebe entschieden.[3] Wir dürfen nunmehr schlussfolgern, dass nach der dortigen Mischna und der dazugehörigen Gemara eine Frau, die da sagt: "Ich bin für dich unrein" mit Blick auf ihren Ehemann bezüglich dessen, wozu sie ihm gegenüber verpflichtet ist, nicht glaubwürdig ist - selbst wenn er ein Mann aus priesterlicher Familie ist. Obwohl sie sich (mit ihrer Aussage) verächtlich macht und ihren Ehemann für sich zum verbotenen Bissen machen möchte - weil die Frau eines Mannes priesterlicher Herkunft schon im Falle einer Vergewaltigung für ihn verboten wird und er für sie verboten wird, da das Verbot für beide gilt - ist sie doch selbst so im Hinblick auf das, wozu sie ihm gegenüber verpflichtet ist, nicht glaubwürdig. Sie hat nicht das geringste Recht, (ihm den ehelichen Verkehr zu versagen und die Scheidung zu verlangen,) und sie bleibt ihm (auch weiter-

---

1) Statt LNFŠYH ist doch wohl LNFŠH zu lesen.

2) Wenn die Frau eines Mannes priesterlicher Herkunft ihm gegenüber erklärt, dass sie unrein sei, ist ihr der Genuss der für die Priesterschaft bestimmten heiligen Abgabe aus den Ernteerträgen der Laien untersagt. Die Pflicht zur Absonderung der Hebe gilt übrigens ausserhalb Palästinas nicht.

3) Siehe Mischne Tora, Hilchot Terumot Kap.8 § 15.

hin als Ehefrau) erlaubt.[1] Um wieviel mehr gilt aber dann bei einem Mann, der sogar vor einem jüdischen Gerichtshof aussagt, dass seine Frau, obwohl unter seiner Gewalt stehend, Hurerei getrieben hat, dass sie mit dieser Aussage sich doch nicht persönlich der Verachtung preisgibt,[2] weil er ja unglaubwürdig ist! Er hat nicht das geringste Recht, sich selbst für die eigene Frau mit Blick auf das, wozu er ihr gegenüber verpflichtet ist, kraft dieser von ihm gemachten Aussage verboten zu machen. Vielmehr sagen wir, dass er Lügen erzählt und (in Wirklichkeit) seine Augen auf eine andere Frau geworfen hat, oder aus Hass handelt, den er ihr gegenüber hegt. Und selbst wenn er von seiner Aussage nicht zurücktritt, wird ihm nicht geglaubt; vielmehr sagen wir, dass er für seine Worte einen Beweis beibringen muss.[3] Erst recht aber gilt dann doch bei demjenigen, der von seiner Aussage zurücktritt und (nun) erklärt, dass das von ihm zu Anfang Ausgesagte nicht die Wahrheit war, sondern aus erfundenen Behauptungen bestand, und der eine plausible Begründung und einen sinnvollen Grund für seine Worte liefert, dass er seine zu Anfang erfolgte Aussage dadurch null und nichtig macht. Man muss wegen seiner anfangs gemachten Aussage nicht die geringste, von Zweifel erfüllte Sorge hegen.[4] Das ist die Meinung eures Schülers aufgrund dieser gesetzlichen Bestimmungen. Wenn ich mich vertan habe, so verschafft mir

---

1) Sofern er ihrer Aussage keinen Glauben schenkt!

2) Die Konjektur des Hrsg. von NFŠH zu NFŠYH erscheint mir nicht angebracht, zumal dann im aramäischen Text auch ʾYHY in ʾYHW abgeändert werden müsste.

3) Diese Sichtweise stimmt mit der vom Respondenten gemeinsam mit Mordechai Kimchi vorgenommenen Bewertung des Falles auf S.77 nicht überein und steht auch zu der eigenen Argumentation in Spannung.

4) Sie ist nach Meinung des Respondenten nämlich zweifelsfrei unwahr.

Einsicht! Eure Worte sollen herkommen und mir Weisung geben. Belehrt uns aus eurem Toraverständnis!
Abraham, der Sohn des Isaak, vor dem Gerechtigkeit einhergehen möge, (schickt dieses Schreiben) zu Händen meiner gelehrten Herren, nämlich an Herrn Mordechai, den Sohn des grossen Gelehrten Herrn Isaak, und an Herrn Simon, den Sohn des grossen Gelehrten Herrn Meir, derer zum Leben in der kommenden Welt gedacht werden möge.[1]

---

1) Text in: TŠWBWT ḤKMY PRWBYNṢYʾ, a.a.O., S.162ff § 50.

Das ist es, was der Meister, mein Ahnherr, Herr Mordechai, der Sohn von Herrn Isaak, auf die Worte des Meisters Herrn Abraham als Antwort schrieb:
Der Brief ist bei mir angekommen, DER ANMUTIGE REDEN VON SICH GIBT (Gen.49,21). Er erzeugt für die plausible Begründung Töchter,[1] beginnt mit der grössten (Tochter) unter den grossen und schliesst mit der kleinsten unter den kleinen ab.[2] Jener Beleg aus dem zweiten Kapitel des Traktates Ketubbot spricht von einer starken, festen und bestandskräftigen Begründung, die mit der Hand greifbar ist und aus sich selbst heraus ins Ohr geht, ohne dass irgendeine Mangelhaftigkeit vorliegt.[3] Denn kein Mensch kann die Frau widerlegen, wie sie kraft eigenen Willens dem überfallartigen Ansprung unwürdiger Menschen entzogen wird.[4] Sie machte ja anfangs die Aussage: "Ich bin verheiratet" nicht in der Absicht, um sich selbst gegenüber irgendeinem Mann verboten zu machen, der würdig war, auf sie ein Anrecht zu erwerben. Sie tat dies lediglich, um sich vor dem Fangnetz des Vogelstellers zu retten, das ihre Bedränger ausgebreitet hatten. Doch sie redete nicht so, um sich selbst zum verbotenen Bissen zu machen. Aber dieser Mann,[5] der ein jüdisches Gericht tagen liess, um das Kollegium zu konsultieren und eine Entscheidung von

---

1) Das heisst: Abraham Ben Isaak beleuchtet das Problem der plausiblen Begründung bei der Rücknahme rechtserheblicher Aussagen mit neuen halachischen Aspekten. Siehe schon den Hrsg. zur Stelle.
2) Anspielung auf M Kidduschin III,9.
3) Die Schwierigkeiten des Hrsg. mit dem Wort RŠWT sind meines Erachtens lösbar. Es liegt hier das Wort RASCHUT = Armut/Mangel und nicht das Wort RESCHUT vor. Zu dem hier behandelten Sachverhalt siehe b Ketubbot 22a und oben S.78f.
4) Zum Sachverhalt siehe auch S.72 Haupttext und Anmerkung 5.
5) Im Ausgangsfall des Responsums.

ihm zu bekommen, ist demjenigen gleichzuachten, der sich von der Übertretung eines Verbotes fernhalten will.[1] Er sprach zu den Richtern: "Ihr sollt wissen, meine Herren, dass meine Frau, obwohl meiner Gewalt unterstehend, (mit einem anderen) gehurt hat. Ich weiss dies wahrhaftig. Tut mir also kund, ob sie mir verboten ist oder (zur Ehe) erlaubt bleibt!" Bevor der jüdische Gerichtshof ihm antworten wollte, ob es ihm verboten oder erlaubt sei, mahnte und verwarnte man ihn etliche Male: "Sei auf der Hut und wende dich nicht der Sünde und einer erlogenen Aussage zu! Vielleicht redest du nur aus einer Mutmassung heraus oder aus Zorn so. Vielleicht denkst du auch, dass wenn du deine Aussage zurücknimmst, dir deine Frau wieder erlaubt wird. Das aber ist nicht so! Vielmehr wird sie jedem, der derartig redet und seiner Frau derartiges zutraut, auf ewig verboten. Wer derartiges aus lügenhafter Phantasie heraus sagt, zerstört hiermit den (guten) Namen,[2] bringt schlechten Ruf, üble Nachrede und Diskreditierung der Familie[3] über die Töchter Israels. Das jedoch ist eine Schandtat und ein strafrechtliches Vergehen." Er aber sprach zwei- und dreimal: "Ihr sollt wissen, meine Herren, dass ich diese Aussage nicht aufgrund einer Mutmassung oder vom Hörensagen her mache, sondern kraft eines definitiven Beweises und klarer Sachverhalte, die sowohl für mich als auch für andere offenkundig sind." Über diese Worte hinaus lieferte er viele klare Einzelheiten, die diese Vorgänge betrafen, bis wir ihm schliesslich die Frau für verboten erklärten, wie du selbst weisst. Denn du warst mit uns zusammen; und mit dir stimmten wir über das Verbot ab. Jetzt aber hat man ihm als

---

1) Oder: "der von der Übertretung eines Verbotes ferngehalten werden muss." Der aramäische Text lautet DB‘Y L’FRWŠY M’SWR’.

2) Zur Bedeutung von DBR vergl. 2.Chronik 22,10.*

3) Aus der die Ehefrau stammt.

Argument die Aussage eingetrichtert, er habe (damals) seine Augen auf eine andere Frau geworfen, um (nun) von seiner (ersten) Aussage zurückzutreten. Wahrlich, an seiner später gemachten Aussage ist nichts dran! Nicht nur dann, wenn er sagt, er wisse von seiner Frau, dass sie, obwohl unter seiner Gewalt stehend, ganz sicher (mit einem anderen) gehurt habe, macht er sie für sich kraft dieser Aussage verboten; sondern selbst dann, wenn er sagt, dass er die Dinge aus dem Mund einer Frau oder eines Verwandten gehört habe, wird sie für ihn verboten.[1] Es ist so wie vom Meister Moses Maimonides seligen Andenkens in Kapitel 24 geschrieben: Sobald er ihren Worten Glauben schenkt, muss er sich nach den Gesetzen des Himmels von ihr scheiden lassen.[2] Das gilt erst recht, wenn er sagt, dass er sich dessen persönlicherseits ganz sicher sei und wirklich wisse, dass sie, obwohl unter seiner Gewalt stehend, (mit einem anderen) gehurt habe. Denn diese Formulierung kann nur auf einen von zwei Sachverhalten gedeutet werden: Entweder hat er selbst die Hurerei gesehen oder er hat es aus dem Munde zweier qualifizierter (Zeugen) vernommen, die ihm sagten, dies gesehen zu haben, so dass es ihr zukommt, nach deren Aussage gerichtet zu werden. Es ist doch sehr verwunderlich, wie wir über diesen Mann sagen können, dass selbst wenn er seine Meinung ganz geändert hat und sagt, dass er jetzt nicht mehr an das glaube, an was er damals geglaubt habe, ihm die Frau (wieder) erlaubt wird - sogar ohne dass er eine plausible Begründung (für seine frühere Aussage) liefert, wie es der Herr geschrieben hat.[3] Was geht mich denn sein Sinneswandel an?[4] Es verhält sich demnach so: Selbst wenn der Tatbestandsverdacht nur

---

1) Sofern er ihren Mitteilungen Glauben schenkt.

2) Mischne Tora, Hilchot Ischut Kap.24 § 17. Statt LDBRYH ist doch wohl LDBRYHM zu lesen.

3) Abraham Ben Isaak ist gemeint.

4) Der des Ehemanns im Ausgangsfall des Responsums.

auf der Aussage eines Zeugen beruhen würde, (kann der Ehemann seine zuerst gemachte Erklärung nicht glaubwürdig zurücknehmen)[1], sofern er nicht eine plausible Begründung liefert, die stark, fest und bestandskräftig ist.[2] Der Barmherzige möge uns vor dieser Auffassung schützen.[3] Denn ich sage so: Selbst wenn eine Begründung vorliegt, die aber auf schwachen Füssen steht, wird ihm mit seiner letzten Aussage nicht geglaubt. Das geht erst dann, wenn sie als Lieferung einer plausiblen Begründung bezeichnet zu werden verdient. Eine plausible Begründung muss so sein, dass man sich innerlich in der Überzeugung darauf verlassen kann, dass sie wahr ist. Denn das ist aus dem Wortlaut des Lehrsatzes zu erweisen: FALLS SIE EINEN PLAUSIBLEN GRUND FÜR IHRE WORTE LIEFERT, SO WIRD IHR GEGLAUBT (b Ketubbot 22a). Man hat dort nicht formuliert: "Wenn sie einen plausiblen Grund sagt". Ein Beweis dafür, dass er einer ganz klaren (Zeugen-)Aussage gleichkommen muss, ist die Stelle: SIE SOLLEN IHRE ZEUGEN LIEFERN; DANN SOLLEN SIE RECHT BEKOMMEN (Jes.43,9). So lautet auch die Meinung des Meisters Moses Maimonides an zwei Stellen in Kapitel 9 (seines Werkes), dass wir eine plausible Begründung benötigen, die dem jüdischen Gerichtshof einsichtig ist; dass die Worte zeigen müssen, dass sie die Wahrheit sind; und dass die Begründung nichtig ist, wenn sie den Richtern nicht einleuchtet.[4] Was habe ich nunmehr

---

1) Der Text ist lückenhaft und von mir sinngemäss, aber abweichend vom Vorschlag des Hrsg. ergänzt worden.
2) Warum er die erste Aussage gemacht hat und diese erste Aussage falsch gewesen ist.
3) Vor der Auffassung, dass die Frau dem Mann im Responsum wieder erlaubt wird, selbst wenn er seine erste Aussage ohne plausible Begründung zurücknimmt. Siehe schon den Hrsg. zur Stelle.
4) Siehe Mischne Tora, Hilchot Ischut Kap.9 § 24 + 31. Vergl. auch schon oben auf S.72.

mit dem völligen Sinneswandel des Mannes zu schaffen, wenn er keine zwingende, nachvollziehbare Begründung liefert?[1] Aber was soll ich tun, wenn dieser Mensch sein Brot in seine Sauce tunken will?[2] Was soll ich ihn noch weiter verwarnen? Was konsultiert mich dieser Mann in der Absicht, etwas zu pervertieren, nicht aber zu einem legitimen Zweck?[3] Das Recht der Tora will er verdrehen, wenn er sagt, er habe (seine erste Aussage nur gemacht, weil er damals) seine Augen auf eine andere Frau geworfen habe; wenn er Worte dieser Art vorbringt, die nur Spott und Hohn sind, die Dingen gleichkommen, über die man nur lachen kann, die einen (üblen) Scherz bilden und eine verächtliche Haltung gegenüber dem jüdischen Gerichtshof dokumentieren.

Jetzt komme ich nun wieder auf die Ausführungen des Briefes zurück, um zu schreiben, was ich über deine Ansichten denke. Der Herr[4] hat geschrieben: "Als sie aber sagte: ICH BIN VERHEIRATET[5] (b Ketubbot 22a), sprach sie dies nur zu

---

1) Warum er seine erste Aussage gemacht hat und diese die Unwahrheit gewesen sein soll.

2) Mit dem Hrsg. ist das zweite BṢYRW sicherlich zu streichen, der sich im Übrigen über die Formulierung nicht ausgelassen hat. Es handelt sich hierbei um einen Talmudismus aus b Baba Metzi'a 89a.* Dort liest man, dass Arbeiter das Recht haben, ihr Brot in eine nicht näher definierte Sauce oder Tunke hineinzutun, weil der anschliessende Verzehr Appetit auf viele Trauben macht. Auf den Ausgangsfall des Responsums angewendet scheint dies zu besagen, dass der Mann voller Begehren nach der ihm verbotenen Frau (zurück-)strebt.

3) Zu dem hier eingearbeiteten Talmudismus aus b Sanhedrin 26a vergl. den Talmudtext selbst und die Anmerkung des Hrsg. zur Stelle.

4) Abraham Ben Isaak.

5) Mit dem Hrsg. ist hinter ʾYŠ ein ʾNY zu ergänzen.

ihrem eigenen Nachteil" usw..[1] Nach Massgabe meiner bescheidenen Erkenntnis scheint es so zu sein, dass der Herr aufgrund seines zu schnellen Durchgangs (durch das traditionelle Gesetz) zu dieser Aussage gekommen ist. Denn im dritten Kapitel[2] des Traktates Kidduschin sagen wir, dass eben dies der Grund für die Nichtanerkennung einer Antrauung ist, die jemand vor nur einem Zeugen vollzieht, selbst wenn beide (Ehe-)Partner sich hierzu bekennen: Weil sie durch ihr Eingeständnis anderen einen Nachteil zufügen würde, können wir (hier) nicht sagen, dass das Geständnis der beklagten Partei hundert Zeugenaussagen gleichkommt, so wie wir es bei Geldangelegenheiten sagen.[3] Folglich lernen wir daraus, dass jede Frau, die sich im Status einer Ledigen befindet und sagt, dass sie (in rechtsgültiger Weise) angetraut sei, für andere einen Nachteil schafft, nämlich für jeden, der es verdient, ein Anrecht auf sie zu erwerben.

Was unser Herr als zweites zu dem geschrieben hat, was wir gelernt haben: SAGT JEMAND ZU EINER FRAU: ICH HABE DICH MIR ANGETRAUT usw. (M Kidduschin III,10) ist folgendes: "Wenn er hernach argumentiert, dass er nicht die Wahrheit gesagt habe und sie (sich) niemals angetraut habe, und

---

1) Siehe oben S.78f.

2) BP"Q ist mit dem Hrsg. in BP"G abzuändern.

3) Vergl. b Kidduschin 65b: Bei Zahlungsstreitigkeiten ersetzt das Geständnis des Beklagten jede Zeugenaussage und verpflichtet ihn zur Begleichung der Schulden. Nur ihm selbst erwächst daraus ein Nachteil. Das aber ist im Eherecht nicht so. Die Behauptung einer Frau, angetraut zu sein, bringt nicht nur für sie einen Nachteil mit sich. Sie macht damit nämlich auch anderen Männern, die an ihr interessiert sind, eine Heirat mit ihr (zunächst einmal) unmöglich, und zwar nicht nur den männlichen Verwandten des (angeblichen) Ehegatten.

dass er dies zu Anfang nur gesagt habe, weil eine ihrer Verwandten von ihm geheiratet zu werden verlangte, so sind ihm danach ihre Verwandten nicht weiter verboten."[1] Aber nach meiner Meinung ist dies keine plausible Begründung, an der Substanz ist. Denn was soll denn dieser Mann zu der Frau sagen: "Ich habe dich mir angetraut", bloss um sich einer ihrer Verwandten zu entziehen, die von ihm verlangt, von ihm geheiratet zu werden? Er müsste doch zu der Frau, die das von ihm fordert, sagen: "Ich habe mir eine von deinen Verwandten angetraut; und so bist du mir von ihrer Seite her (zur Frau) verboten." Was soll er denn mit dieser Frau vor den jüdischen Gerichtshof treten oder auch ohne die Hinzuziehung eines solchen daherkommen und sagen: ICH HABE DICH MIR VOR DEM UND DEM SOWIE VOR DEM UND DEM ANGETRAUT, DIE INS FERNE AUSLAND GEGANGEN SIND (b Kidduschin 65a)?[2] DAS IST DOCH EITLER WAHN UND HASCHEN NACH DEM WIND (Kohelet 4,4 u.a.)*.[3] Ich nämlich sage, dass zu diesem Fall, wo (der Mann erklärt:) "Ich habe dich mir angetraut" (und wo die Frau erklärt:) "Du hast mich dir angetraut", der Sachverhalt mit der plausiblen Begründung überhaupt nicht hinpasst, um (mit ihrer Hilfe) das Verbot zu beseitigen, wenn ich mir die Stelle genau anschaue. Denn aus der dort geführten halachischen Diskussion[4] ergibt sich mit zwingender Notwendigkeit, dass es nicht in ihrer beider Macht steht,[5] das Verbot zu beseitigen.[6] So habe ich es auch als Überlie-

---

1) Siehe oben S.79f.
2) Vergl. schon oben S.79.
3) Nämlich die Behauptung, der Mann habe die vorher zitierte Aussage gemacht, um die Heiratsforderung einer Verwandten seiner (angeblichen) Frau abzuwehren.
4) In b Kidduschin 65a.
5) Statt BYDH ist mit dem Hrsg. ein BYDM zu lesen.
6) Das beide mit ihrer Aussage sowohl sich selbst als auch anderen für eine gegenseitige Heirat auferlegen.

ferung empfangen: Selbst nach jenen Gelehrten, die da sagen, dass die plausible Begründung auch bei in der Gemara nicht erwähnten Fällen nütze, gehe die Sache in diesem Fall nicht, wo der eine spreche: "Ich habe dich mir angetraut" und die andere sage: "Du hast mich dir angetraut". Denn bei ihnen passe das Prinzip mit der plausiblen Begründung überhaupt nicht her.[1] Ebenso verhält es sich doch auch mit dem, der da spricht: ICH FAND EINE ENTJUNGFERTE FRAU VOR. Denn ER IST BEGLAUBIGT, SICH DIE FRAU ZU VERBIETEN (b Ketubbot 8b - 9a). Das gilt auch nach dem, der dazu erklärt, dass es sich um einen (bisher) unverheiratet gewesenen Mann handele, der gar nicht genau wisse (, ob eine Entjungferung vorliege).[2] Selbst bei solch einer Sachlage kann er sie sich mit Hilfe einer plausiblen Begründung nicht wieder erlaubt machen. Das sind ganz grundlegende Feststellungen.
Was der Herr[3] (sonst noch) geschrieben hat (ist dies:) "Aber mit Blick auf eine Angelegenheit, die nur sie selbst betrifft, wie zum Beispiel den Genuss der Hebe, ist sie glaubwürdig. Denn wir sind uns dessen sicher, dass die Sache nach Rabba geht" usw..[4] Daraus ist zu schlussfol-

---

1) Nach der vom Respondenten angeführten und akzeptierten, nicht weiter spezifizierbaren Auslegungstradition können weder der Mann noch die Frau ihre ersten Aussagen später mit der Behauptung gegenstandslos machen, sie seien unwahr gewesen, selbst wenn sie dies noch so einleuchtend begründen würden. Wie schon der Hrsg. zur Stelle vermerkt, ist diese Interpretation von b Kidduschin 65a sehr verwunderlich. Die Möglichkeit einer nachträglichen Nichtigkeitserklärung müsste hier sehr wohl gegeben sein.
2) Gemeint ist Raschis Talmudkommentar zu b Ketubbot 9a. Zum Sachverhalt siehe oben S.42.
3) Abraham Ben Isaak, der auch im folgenden weiter so tituliert wird.
4) Siehe oben S.85.

gern, dass der Herr der Meinung ist, dass sie kraft ihrer Aussage keinem anderen einen Nachteil zufügen kann. Wer aber wagt uns zu sagen, dass sie, sobald sie diesen Mann priesterlicher Herkunft als Witwe überlebt, keinem Mann priesterlicher Herkunft auf der Welt verboten ist? In der Tat ist sie doch dem Wesen des Rechts nach (jedem Manne priesterlicher Abkunft, der sie hernach ehelichen will,) ganz sicher verboten! Denn mit ihrer Aussage macht sie sich zum verbotenen Bissen mit Verbotswirkung anderen gegenüber. So hat es doch auch der Meister Moses Maimonides in Kapitel 18 in einer Erläuterung geschrieben: DIE FRAU EINES MANNES PRIESTERLICHER HERKUNFT, DIE ZU IHREM EHEMANN SAGT: ICH BIN VERGEWALTIGT WORDEN, WIRD, OBWOHL SIE IHREM MANN ERLAUBT BLEIBT,[1] JEDEM MANNE PRIESTERLICHER HERKUNFT AUF DER WELT ZUR HEIRAT VERBOTEN, SOBALD IHR (augenblicklicher) MANN STIRBT. DENN MIT IHREM BEKENNTNIS, EINE HURE ZU SEIN,[2] HAT SIE SICH SELBST VERBOTEN GEMACHT UND IST EINEM VERBOTENEN BISSEN[3] GLEICH GEWORDEN. Soweit die Worte des Meisters Moses Maimonides seligen Andenkens.[4] Damit hat er seine Meinung kundgetan, dass obwohl sie anderen einen Nachteil zufügt, nämlich jedem anderen (Heiratswilligen) aus priesterlicher Familie, selbst noch nach einiger Zeit die Folgen ihrer Aussage wirksam sind, durch die sie (sich für andere Männer priesterlicher Herkunft) zum verbotenen Bissen machte. Ferner hat der Meister[5] hier geoffenbart, dass (eine von ihr an-

---

1) Sofern er ihrer Aussage keinen Glauben schenkt.

2) Der Begriff der Hure gilt nach halachischer Definition auch bei einer Vergewaltigten!

3) Für spätere Ehemänner aus priesterlichen Familien.

4) Mischne Tora, Hilchot Issure Bi'a Kap.18 § 9.

5) Moses Maimonides ist gemeint. Die nun folgende Bemerkung steht jedoch nicht explizit an der in der vorigen Anmerkung genannten Stelle, sondern bildet nur eine Schlussfolgerung des Respondenten daraus.

geführte) plausible Begründung hierzu nicht glaubhaft ist. Denn sie könnte ja sagen:[1] "Ich sprach (damals): 'Ich bin unrein', damit sich mein Mann von mir scheiden liesse" - sofern zwischen ihnen beiden nämlich ein Streit bestand. Oder (sie könnte ihre damalige Aussage mit den Worten begründen:) "Ich hatte meine Augen auf einen anderen Mann geworfen. Doch meine Worte[2] wurden mir deswegen[3] (von meinem damaligen Mann) nicht abgenommen. Niemals war es meine Absicht gewesen, mich selbst (für andere) zu verbieten." Wir aber lernen hier, dass ihr in diesem Fall eine plausible Begründung überhaupt nichts nützt. Das ist die Wahrheit!

Ferner hat der Herr am Ende seiner Ausführungen folgendes geschrieben: "Um wieviel mehr gilt aber dann bei einem Mann, der sogar vor einem jüdischen Gerichtshof aussagt, seine Frau habe, obwohl seiner Gewalt unterstehend, Hurerei getrieben, dass sie mit dieser Aussage sich doch nicht persönlich der Verachtung preisgibt,[4] weil er ja ganz unglaubwürdig ist! Er hat nicht das geringste Recht, sich selbst für die eigene Frau mit Blick auf das, wozu er ihr gegenüber verpflichtet ist, kraft dieser von ihm gemachten Aussage verboten zu machen. Vielmehr[5] sagen wir, dass er Lügen erzählt und seine Augen auf eine andere Frau geworfen hat; oder dass er aus Hass handelt, den er gegen sie hegt. Und selbst wenn er von seiner Aussage nicht zurücktritt, wird ihm nicht geglaubt; vielmehr sagen wir, dass er für seine Worte einen Beweis erbringen muss" usw.. Ich sehe hier den Mann; doch ein vernünftiges Argument

---

1) Zu dem Zeitpunkt, wo sie als Witwe einen neuen Mann heiraten will, der auch priesterlicher Abkunft ist.
2) Durch aussereheliche Geschlechtsverkehr für ihren Mann unrein geworden zu sein.
3) Weil nur sie allein diese Behauptung aufstellte.
4) Der aramäische Text muss nach S.86 verbessert werden; statt ʾYHW ist ʾYHY und statt NFŠYH ein NFŠH zu lesen.
5) Statt ʾW ist mit dem Hrsg. ein ʾLʾ zu lesen.

sehe ich nicht.[1] Ist es nicht so: WER DA SAGT: ICH FAND EINE ENTJUNGFERTE FRAU VOR, IST BEGLAUBIGT, SICH DIE FRAU ZU VERBIETEN (b Ketubbot 8b - 9a)? Warum sollten wir dann aber bei diesem Mann, der gesagt hat: "Meine Frau hat Hurerei getrieben", der Meinung sein, dass er lügt und (in Wirklichkeit) seine Augen auf eine andere Frau geworfen hat? Was soll er denn lügen, wo es doch in seiner Macht steht, sich von ihr scheiden zu lassen? Dieses Argument mag bei einer Frau akzeptabel sein. Dort dürfen wir so reden, weil sie ja sich selbst nicht scheiden lassen kann und man Sorge haben muss, dass sie ihre Augen möglicherweise (auf einen anderen Mann geworfen hat) oder aus Hass, den sie gegen ihn[2] hegt (eine solche Aussage macht).[3] Aber dem Mann steht es doch nach dem innersten Wesen des Rechts zu, sich von ihr scheiden zu lassen.[4] Doch er hat sie sich mit seiner Aussage wirklich schon längst verboten gemacht. Zwar soll eine Kunde vom Hörensagen kein grösseres Gewicht als ein Beweis haben; doch wenn von einem Erzähler die Nachricht überbracht würde - selbst wenn sie nur auf einem Zeugen beruhen würde - dass seine Frau gehurt habe, und er sich auf ihn verlassen würde, so müsste er sich, obgleich die Sache für ihn ein wenig zweifelhaft wäre, von ihr scheiden lassen.[5] Dann gilt um so mehr,

1) Das geeignet wäre, die erste Aussage des Ehemanns im Ausgangsfall des Responsums gegenstandslos zu machen.
2) Ihrem derzeitigen Ehemann gegenüber.
3) Mit einem fremden Mann Hurerei getrieben zu haben.
4) Hätte der Mann am Anfang wirklich seine Augen auf eine andere Frau geworfen, so hätte er sich damals doch scheiden lassen können, um seine Favoritin zu ehelichen. Die Takkana von Rabbenu Gerschom Ben Jehuda aus Mainz aus dem beginnenden 11.Jahrhundert, wonach die Ehefrau gegen ihren Willen nicht geschieden werden kann, hat in der nicht näher genannten Gemeinde unseres Responsums offenkundig keine Gültigkeit.
5) Anders die Entscheidung auf S.68!

wenn der Mann sagt, dass er dies ganz sicher und zweifelsfrei weiss, dass sie ihm verboten ist, zumal man ihn belehrt, er müsse sich von ihr trennen.[1] Denn man gibt doch keinem etwas zu essen, was ihm verboten ist. Das Argument mit dem, wozu er ihr gegenüber verpflichtet ist, ist ohne irgendeinen Belang. Denn er hat sie für sich zum verbotenen Bissen gemacht. Das ist mit dem Fall desjenigen zu vergleichen, der da sagt: "Der Genuss deines Beischlafes sei mir verboten!"[2] Denn da sagen wir: OBWOHL ER IHR GEGENÜBER IN DER PFLICHT STEHT,[3] GIBT MAN NIEMANDEM ETWAS ZU ESSEN, WAS IHM VERBOTEN IST (b Ketubbot 71b?). Dies ist es, woran überhaupt kein Zweifel besteht. Bei meinem Leben, ich weiss nicht, was ich über die Meinung des Herrn[4] für ein Urteil abgeben soll. Denn da er der Ansicht ist, dass (d)er (Mann) nicht das geringste Recht hat, sich für sie in Anbetracht dessen, wozu er ihr gegenüber verpflichtet ist, verboten zu machen, warum bist du dann bei dieser Sachlage uns gegenüber mit all den plausiblen Begründungen, die in deinem Brief erscheinen, von so ängstlicher Unsicherheit? Was soll diese ganze ausführliche Darlegung bezwecken? Ich entdecke schliesslich und endlich bei diesem Mann keinen Aspekt, unter dem es ihm erlaubt wäre, mit seiner Frau (noch weiterhin) zusammenzuleben. Über einen gleichartigen Fall habe ich vor etwa 25 Jahren mit bedeutenden Persönlichkeiten und Halachalehrern

---

1) Die nachfolgenden Worte sind mit dem Hrsg. zu streichen. Die Dittographie reicht von K"Š (= KL ŠKN) bis SFQ.

2) Es geht um ein Gelübde, das der Mann ablegt und das ihn religionsgesetzlich bindet.

3) Die Frau hat eigentlich Anspruch auf den ehelichen Verkehr.

4) Abraham Ben Isaak ist wieder gemeint. Das aramäische BSBRTYH DMR kann aber auch so übersetzt werden: "kraft der Meinung des Herrn". Gleich danach erfolgt der Wechsel zur direkten Anrede.

gemeinsam abgestimmt; und sie stimmten meiner Ansicht zu. Die Kenntnis unseres Lehrers reicht sicher weiter als die unsrige.[1] Wenn er aus Demut und Frömmigkeit um unsere Erlaubnis nachsucht, weil wir mit ihm gemeinsam vereint jenem Mann dessen Frau verboten haben, so sei sie hiermit erteilt.[2] Nur möge mein Name nicht mit der Sache in Verbindung gebracht werden. Dein Wort hat im Himmel der Erkenntnis einen festen Stand.[3] Es erhebe sich zu Pracht und Herrlichkeit, nach dem Wunsche dessen, der dich grüsst und deiner Lehre seinen Gruss entbietet.
Mordechai, der Sohn von Herrn Isaak, der im Paradiese ruhen möge.[4]

---

1) Abraham Ben Isaak ist wieder gemeint. Das hebräische WD‘T MWRNW RḤBH MD‘TNW könnte aber auch so übersetzt werden: "Unser Lehrer ist sicher grossmütiger als wir."
2) Er darf dem Mann erlauben, seine Ehefrau wieder zurückzunehmen bezw. zu behalten, sofern er solch eine Erlaubnis vor seinem Gewissen verantworten kann.
3) Anspielung auf Ps.119,89.
4) Text in: TŠWBWT ḤKMY PRWBYNṢY’, a.a.O., S.166ff § 51.

Ein Responsum des Meisters, meines Ahnherrn, Herrn Mordechais, des Sohnes von Herrn Isaak Ben Kimchi, der im Paradiese ruhen möge:
Ich bin zu folgendem Fall befragt worden, der sich im Lande zutrug: Ein junger Mann wurde ersucht, sich von seiner Frau scheiden zu lassen. Seit frühesten Zeiten ging über jenen jungen Mann die Kunde um, dass er von einer wahnhaft - depressiven Gemütskrankheit befallen sei. Nun trat er wegen des Scheidebriefes, in dessen Aushändigung er einwilligte, weil man ihm mit Geld geklimpert hatte,[1] vor einige Gelehrte hin, die ihn wegen seiner krankhaften Verrücktheit ausforschten.[2] Er erzählte ihnen, dass ihm seit zwei und mehr Jahren panikartige Phantasievorstellungen ständig Schrecken einjagten. Sie bestünden aus Menschen, die seiner Einbildung nach in seinem Bauch fortwährend herumrumorten und ihm Furcht einflössten. Sie hätten drei immerwährende absonderliche Handlungsweisen zur Folge, die er ständig praktiziert habe, seitdem diese Phantasievorstellungen begonnen hätten, ihm Schrecken und Furcht einzujagen. Sie hätten nämlich Wein- und Fleischgenuss sowie das Liegen in Betten (von ihm) ferngehalten. Für die Fernhaltung von Wein und Fleisch gibt er als Grund an, dass sie, so wie er es sich denke, seine Krankheit nur verschlimmern würden. Dafür, dass er vom Liegen in Betten Abstand nehme, (gibt er als Grund an:) Wenn er in Betten liege, dünke ihm, dass die Menschen, die seiner Phantasievorstellung nach fortwährend in seinem Bauch herumrumorten, ihm Furcht einflössen würden.

---

1) Der letzte, aramäische Teilsatz verarbeitet b Baba Batra 156a. Vielleicht betrieben die Verwandten der Frau die Auflösung der Ehe und boten dem jungen Ehemann Geld für den Fall an, dass er ihr einen Scheidebrief gab.
2) Er wollte mit ihrer Hilfe bei der Scheidung für zurechnungsfähig erklärt werden. Im Stande der Unzurechnungsfähigkeit kann man sich nach der Halacha nämlich nicht scheiden lassen.

Deswegen schlafe er auf dem Boden beziehungsweise auf Bänken.[1] Sein Verstand wird aber keineswegs für verworren befunden - abgesehen von diesen Phantasievorstellungen, die ihm nach eigener Aussage Schrecken einjagen, und abgesehen von diesen absonderlichen Handlungsweisen, die sich aus ihnen ergeben und die seiner Vorstellung nach gegen die bösen Geister nützen. Doch bei den übrigen Dingen fragt und antwortet er, wie es sich gehört.[2] Das ist der Inhalt des Falles gemäss der (eingereichten) Frage.
Zu Anfang möchte ich sagen, dass bei einem Menschen, der die Grenze zur Verrücktheit überschritten hat, eine Prüfung (durch Fragen)[3] nicht ausreichend ist. Der Sachverhalt ist doch ganz klar, weil in unserer Mischna die Prüfung (durch Fragen) nur angeordnet wird, wenn der Betroffene seine Sprechfähigkeit verloren hat.[4] Aber bei demjenigen, der von anfallartigen Zuständen[5] und dergleichen heimgesucht wird, wird diese Prozedur nicht angeordnet. Prinzipiell gilt bei solch einem Menschen, nachdem er auf-

---

1) Oder: "auf Sesseln", hebräisch W'L GBY SFSLYM.

2) Er redet also ansonsten völlig normal daher. Das spräche dafür, dass er vor dem Gremium im zurechnungsfähigen Zustand aufgetreten ist.

3) Von deren Beantwortung das Kollegium die definitive Beurteilung seines Geisteszustandes abhängig macht.

4) Wenn jemand stumm geworden ist und seiner Frau einen Scheidebrief ausstellen will, prüft ein Gremium nach M Gittin VII,1 seinen Geisteszustand dreimal mit Fragen, die er bei klarem Verstand durch Kopfnicken zutreffend bejahen bezw. durch Kopfschütteln zutreffend verneinen muss. Gibt er durch seine Zeichensprache zufriedenstellende Antworten, soll das Gremium den Scheidebrief schreiben und der Frau des Stummen aushändigen (lassen).

5) Das schwierige Wort QWRDYQWS wird auch auf Delirium, Melancholie oder Halluzinationen gedeutet.

grund von irgendetwas als verrückt angesehen wurde, die Präsumption, dass[1] er alles in geistig verwirrtem Zustand sagt. Das gilt selbst dann, wenn er eine positiv zu beantwortende Frage mit Ja beantwortet oder eine negativ zu beantwortende Frage mit Nein beantwortet. Folglich darf einem Menschen in diesem Zustand keine Geldstrafe auferlegt werden,[2] bis uns ganz klar wird, dass er gesund und von seiner Verrücktheit vollständig geheilt ist.[3] So haben es meine Lehrer gelehrt. Was den Verrückten angeht, so hat der Meister, mein Lehrer, im Namen von Herrn B"Y[4] geschrieben, dass wir die Merkmale, die im ersten Kapitel des Traktats Chagiga diesbezüglich aufgeführt werden,[5] nur benötigen, um ihn von der Befolgung der Gebote zu entbinden. Doch beim Scheidebrief sei es so: Selbst wenn wir mit eigenen Augen nur eine geringfügige Verwirrtheit entweder in seiner Rede oder in seinen Handlungen entdecken würden, solle man auf seine Anweisung hin kein

---

1) Vor L' dürfte ein Š zu ergänzen sein.

2) Der Hrsg. hat Schwierigkeiten, das Wort QNS und dessen Satzkontext zu deuten. Entgegen seiner Auffassung liegt hier aber wahrscheinlich keine Textkorruptele vor. Der Kenas, also die Geldstrafe, wird im jüdischen Recht für eine Vielzahl unerlaubter Handlungen sowohl straf- als auch zivilrechtlicher Natur verhängt. Der Respondent vermerkt hier ganz allgemein und grundsätzlich, dass ein Geisteskranker beim Begehen derartiger Handlungen nicht schuldfähig bezw. nicht haftbar ist.

3) Erst dann wird er (wieder) schuldfähig und haftbar.

4) Die Identität beider Persönlichkeiten ist ungeklärt, zumal die Abbreviatur sich nicht entschlüsseln lässt. Siehe schon den Hrsg. zur Stelle.

5) Siehe b Chagiga 3b - 4a, wo sehr schwere Verhaltensauffälligkeiten geschildert werden. Ob sie je für sich oder im Ensemble auftreten müssen, um den Betreffenden als verrückt zu erweisen, wird kontrovers diskutiert.

solches Dokument schreiben.[1] Denn alle Gesetzeslehrer geben folgende Mahnung ab, dass wir bei der Ausstellung eines Scheidebriefes aufs genaueste prüfen müssen, dass der Scheidungswillige auch wirklich bei sehr klarem Verstand ist. Nun gibt es jemanden, der gegen diese Meinung eine Axt schleudert und sich dabei auf die Gemara der Palästinenser beruft,[2] die die Kennzeichen des Verrückten in Verbindung mit dem Mischnalehrsatz anführe(n): WER AN EINEM QWRDYQWS-ANFALL LEIDET (UND SPRICHT: SCHREIBT FÜR MEINE FRAU EINEN SCHEIDEBRIEF, DER HAT DAMIT NICHTS GESAGT) (M Gittin VII,1).[3] Doch jener Mischnasatz steht nach unserer Gemara[4] wirklich nicht[5] im Widerspruch (zu meiner Auffas-

---

1) Bei der Willenserklärung, sich scheiden zu lassen, genügen nach der hier vorgetragenen Meinung schon relativ kleine Anzeichen geistiger Verwirrtheit, um den Ehemann als nicht zurechnungsfähig anzusehen und sein Ersuchen infolgedessen abzulehnen.

2) Wen der Respondent hier meint, lässt sich nicht feststellen. Siehe schon den Hrsg. zur Stelle.

3) In j Gittin VII,1 wird gleich am Anfang der Gemara eine mit b Chagiga 3b - 4a praktisch identische Liste schwerer Verhaltensauffälligkeiten geliefert, die als Kriterien für die Klassifizierung eines Verrückten angeführt werden. Auch dort wird kontrovers diskutiert, ob alle Auffälligkeiten zusammen kommen müssen oder schon eine einzige genügt, um jemanden als verrückt (ŠWṬH) einzustufen. Der nicht genannte Gegner der von unserem Respondenten vertretenen Anschauung war ganz offenkundig der Meinung, dass erst beim Auftreten der dort geschilderten Verhaltensstörungen die Zurechnungsfähigkeit des Mannes bei der Ausstellung eines Scheidebriefes in Frage gestellt werden müsse, nicht aber schon bei kleineren Graden auffälligen Verhaltens.

4) Die Gemara des babylonischen Talmuds ist gemeint.

5) Die Negationspartikel Lʾ ist entgegen dem Hrsg. nicht zu streichen!

sung). Und nach der Gemara dort[1] liegt auf dem Betreffenden kein (Scheidungs-)Verbot, das (erst) beim Vorliegen all jener Kennzeichen eintritt.[2] Auf jeden Fall scheinen uns bei dem vor uns verhandelten Sachverhalt folgende Dinge einsichtig zu sein - selbst wenn der Opponent[3] sagt, dass wir bei einer Scheidebriefangelegenheit die Kennzeichen eines Verrückten benötigen:[4] Die bei diesem jungen Mann erwähnten Zeichen gehören zu den Merkmalen, die einem Verrückten eigen sind. Zu ihnen zählt nun das einsame nächtliche Hinausgehen als eines der Kennzeichen eines Verrückten.[5] Durch dieses Verhalten allein darf er nach Rabbi Jochanan für verückt angesehen werden, der im ersten Kapitel des Traktates Chagiga gesagt hat: SELBST BEIM TUN VON EINEM DIESER DINGE (hat er als verrückt zu gelten) (b Chagiga 3b). Selbst wenn an ihm keine andere Form der Verrücktheit weder in seinem Reden noch in seinen Handlungen konstatiert werden kann, müsste auf ihn die für Verrückte

---

1) Die Gemara des Jerusalemer Talmuds ist gemeint.
2) Diese Beobachtung ist richtig. Nach j Gittin VII,1 wird der QWRD(Y)YQWS-Befallene, dem ja schon kraft der Mischna die Scheidung verboten ist, ausdrücklich vom Verrückten (ŠWṬH) abgegrenzt. Seine Anomalität sei von geringerem Ausmass als die des Verrückten, weil seine Bewusstseinstrübung immer nur zeitweise auftrete. Doch schon der QWRDY(Y)QWS-Befallene kann sich, wenn er erst einmal verheiratet ist und von seiner spezifischen Form der Bewusstseinstrübung heimgesucht wird, nicht scheiden lassen. Um wieviel weniger darf es dann der verheiratete Verrückte tun, solange er verrückt ist. Entgegen der Meinung des Hrsg. sollte im hebräischen Text das Wort ʾSWR nicht gestrichen werden.
3) Der Mann von Anmerkung 2 und 3 auf der vorigen Seite.
4) Um den Scheidungsakt des betroffenen Ehemanns für ungültig zu deklarieren.
5) Vergl. b Chagiga 3b.

geltende allgemeine Regel angewandt werden, nachdem er sich dieses Verhaltens fortdauernd in verrückter Weise befleissigt. Das heisst: Sein einsames nächtliches Hinausziehen lässt sich nicht einer Gewohnheit zuschreiben, die auf einer Notwendigkeit beruht. Weil er ......,[1] sagen wir: ER IST VON EINER GEISTIGEN STÖRUNG[2] BEFALLEN (b Chagiga 3b), die eine der Formen der Verrücktheit bildet,[3] die ihn in den Nachtzeiten verwirrt. Seine verworrene Zwangsvorstellung treibt ihn dazu, allein hinauszugehen. Erst recht gilt dann bei diesem Menschen,[4] bei dessen Sinnen und Trachten infolge seiner Handlungen und seiner Worte Verwirrung zu konstatieren ist, dessen Zwangsvorstellung ihn auf dem Boden schlafen lässt und ihn zur Flucht vor dem Schlafen in Betten veranlasst, dass er wirklich von einer geistigen Störung befallen ist. Daran besteht überhaupt kein Zweifel. Jeder jüdische Gerichtshof muss dies bedenken und darf auf seine Anweisung hin keinen Scheidebrief aushändigen, ehe er nicht ganz klar von seiner Krankheit geheilt ist, er wieder seine Sinne beieinander hat und seine Handlungen wieder im rechten Lot sind. Wenn du dich dem mit der Aussage widersetzen möchtest, dass die Verrücktheit dieses Menschen keineswegs so klar zutage tritt wie die Verrücktheit dessen, der

1) Wie der Hrsg. richtig anmerkt, sind im Text offenkundig einige Worte weggefallen. Die momentanen Ausführungen behandeln übrigens den talmudischen Fall, nicht den Ausgangsfall des Responsums.
2) Das aramäische GWNDWRPWS ist sehr schwierig zu deuten.
3) Nach dem Textus receptus des Talmuds gehört die mit GWNDWRPWS umschriebene Verhaltensauffälligkeit gerade nicht zu den Kennzeichen der Verrücktheit, wie schon der Hrsg. zur Stelle ausdrücklich feststellt. Vielleicht aber hat die Gemararezension, die dem Respondenten vorlag, hier wirklich anders gelautet.
4) Dem Mann im Ausgangsfall des Responsums.

(in der Nacht) allein hinauszieht - so lehren wir (dennoch) dies und kommen (mit folgender Aussage) daher: Auch wenn er nur zweifelhaft verrückt ist, darf man auf seine Anweisung hin keinen Scheidebrief schreiben. Ein jüdischer Gerichtshof, der in allen Fällen dieser Art erleichternd verfährt, bringt sich selbst dazu, eine zweifelhaft verheiratete Frau (zur Neuheirat) freizugeben.[1] Aber nach meiner Meinung und nach der von meinen Lehrern empfangenen Tradition gibt jeder, der die Scheidung auf die Anweisung dieses Verrückten hin vornimmt, eine (ganz sicher) verheiratete Frau der Allgemeinheit (zur Neuheirat) frei und mehrt das Bastardentum in der Judenheit.[2] Der Herrgott bewahre uns vor (solch einem) Irrtum und bringe uns auf den Weg der Redlichkeit und Wahrheit!
Mordechai, der Sohn von Herrn Isaak, der im Paradiese ruhen möge.[3]

---

1) Wenn sich jemand, dessen Verrücktheit im Zweifel steht, mit Billigung des zuständigen Gerichts scheiden lässt, ist die Gültigkeit der Scheidung nach Meinung des Respondenten fraglich. Wenn die Frau danach einen anderen Mann heiratet, tut sie dies, ohne einwandfrei vom ersten geschieden worden zu sein. Ein jüdisches Gericht soll bei solchen Problemfällen dem scheidungswilligen Mann also nicht entgegenkommen.
2) Wenn eine Frau ungültig geschieden wird, ist sie rechtlich gesehen immer noch mit dem ersten Mann verheiratet. Geht sie bei dieser Lage eine neue Ehe ein, muss sie von beiden Männern geschieden werden, und die Kinder aus der zweiten Ehe gelten als Bastarde. Diese dürfen nur andere Bastarde heiraten, aber kein gewöhnliches jüdisches Gemeindemitglied. In der Regel müssten sie also ehelos bleiben und könnten keine (legitime) Nachkommenschaft hervorbringen.
3) Text in: TŠWBWT ḤKMY PRWBYNṢYʾ, a.a.O., S.195f § 57.

Folgendes Geschehen widerfuhr einem jungen Mann aus der Stadt A(p)t:[1] Sein Schwiegervater[2] nahm seine Frau ohne sein Wissen aus seinem Haus, wie er mir schreibt.[3] Weil nun sein Schwiegervater von ihm verlangte, sich von ihr scheiden zu lassen, setzte er ihm auf das Übelste zu, bis er schliesslich sprach: "Ich willige (in die Scheidung) ein." So trat er vor den jüdischen Gerichtshof, annullierte eine vorsorgliche Protesterklärung vor dem Gremium,[4] sprach zu dem (Urkunden-)Schreiber: "Schreibe (den Text des Scheidebriefes)!" und zu Zeugen: "Unterschreibt ihn!" Alsdann ging er davon. So schrieb man den Scheidebrief; und er wurde von einem der Richter zusammen mit einem anderen Zeugen unterschrieben. Nachdem er unterschrieben

---

1) Name einer Örtlichkeit im Vaucluse-Gebiet.

2) ḤTNW muss eine Defektivschreibung für ḤWTNW sein.

3) Derjenige, der hier von sich in der ersten Person redet, ist nicht unser Respondent, sondern jemand anders, der die Angelegenheit ebenfalls zur Beurteilung vorgelegt bekam. Da Mordechai Kimchi bei der Begutachtung des Geschehens den Anfrageteil nicht noch einmal eigens wiederholt, wird er hier aus dem anderen Rechtsgutachten übersetzt, auf das unser Respondent übrigens keinerlei Bezug nimmt.

4) Wer zu einem Rechtsgeschäft gezwungen werden soll, kann vor Abschluss desselben vor Zeugen eine Protesterklärung abgeben, aufgrund derer das nachfolgende Rechtsgeschäft von ihm dann angefochten werden kann. Diese Protesterklärung kann aber auch wieder zurückgenommen werden, sofern ein solcher Widerruf in der Protesterklärung nicht schon vorweg für nichtig erklärt wurde. Der junge Mann im Responsum hatte also, von seinem Schwiegervater zur Scheidung gedrängt, eine solche vorsorgliche Protesterklärung vor Zeugen abgegeben, um die nachfolgende Scheidung anfechten zu können, und widerruft jetzt diese Erklärung.

war, sandten sie dem scheidungswilligen Ehemann die Nachricht zu, er möge (wieder) zum jüdischen Gerichtshof kommen. Als er gekommen war, sprach man zu ihm: "Annulliere jede (weitere, eventuell) ausgesprochene vorsorgliche Protesterklärung, die du bezüglich dieses Scheidebriefes seit dem Zeitpunkt abgegeben haben könntest, da du zum (Urkunden-)Schreiber sagtest: 'Schreibe (den Text des Scheidebriefes)!' und zu (den) Zeugen: 'Unterschreibt ihn!'" Daraufhin annullierte er eine derartige vorsorgliche Protesterklärung (noch einmal) vor ihnen und gab den Scheidebrief dem empfangsberechtigten Bevollmächtigten der Frau, und zwar in Gegenwart von Zeugen für die Übergabe, die dann ihres Weges gingen.[1] Hernach wurde der Scheidebrief Gegenstand böser Verdächtigungen: Der scheidungswillige Ehemann habe ihn vor (anderen) Zeugen nach seiner Aufforderung an den (Urkunden-)Schreiber: "Schreibe (den Text des Scheidebriefes)!" und an die Zeugen: "Unterschreibt ihn!" für ungültig erklärt[2] und die Frau also mit einem ungültigen Scheidebrief geschieden. Ferner wurde er Gegenstand böser Verdächtigungen, weil einer der Richter ihn als Zeuge unterschrieb.[3]
ICH HABE VORNEHME LEUTE GESEHEN (b Sukka 45b), heraufgezogen aus dem Land der Finsternis,[4] das ein schauderhaftes Land ist. Gesprossen sind die Bäume seines Betrugs. Das ist nun seine Frucht. MAN EMPFING UNHEIL, UND DIE SÜNDE BRACHTE MAN HERVOR (Jes.59,4). MAN EMPFING UND REDETE Falschheit AUS DEM HERZEN (Jes.59,13). Diese DREI (Bee-

---

1) Mit der ordnungsgemässen Aushändigung des Dokumentes an den Vertreter der Frau ist letztere geschieden.
2) Wobei er den nachfolgenden Widerruf seiner neuerlichen Protesterklärung bei Abgabe derselben vorweg wohl auch für ungültig erklärte.
3) Zu den Rechtsfolgen für eine Frau mit ungültigem Scheidebrief vergl. schon S.107 Anmerkung 2. Bis hierher Text in: TŠWBWT ḤKMY PRWBYNṢY', a.a.O., S.201f § 60.
4) Anspielung auf Jer.2,31.

ren), AUCH VIER ODER FÜNF, SIND IM GEZWEIG DES FRUCHTTRAGENDEN GEWÄCHSES (Jes.17,6).[1] Widerspenstig ist sie und lärmt.[2] JEDER, DER IN IHR[3] WANDELT, KENNT KEINEN FRIEDEN (Jes.59,8). NIEMAND WEIST (dort seinen Nächsten) AUF GEHÖRIGE ART ZURECHT,[4] UND KEINER WIRD (dort) GERICHTET[5] (Jes. 59,4) auf der Rechtsbasis der Tora. DIE KINDER SAMMELN HÖLZER für das Brandopfer, UND DIE VÄTER ZÜNDEN DAMIT den Weinberg AN (Jer.7,18), DEN WEINBERG DES HERRN DER HEERSCHAREN (Jes.5,7), mit FEUERFLAMMEN AUS HÖLLISCHER GLUT[6] (Hohelied 8,6). SIE IRREN BEI DEM, WAS SIE SEHEN, UND GERATEN BEI DER RECHTSSPRECHUNG INS STRAUCHELN (Jes.28,7)[7].

---

1) Es geht um Fehlverhalten in der jüdischen Gemeinschaft, das von den Früchten symbolisiert wird. Der ursprüngliche Charakter des letzten Jesajazitates ist vom Respondenten völlig verfremdet worden. Im Bibeltext geht es um eine Katastrophe, die über das Reich Israel kommen soll, so dass am Ende von ihm nicht mehr übrig bleiben wird als der kümmerliche Beerenrest auf einem abgeernteten Olivenbaum.
2) Anspielung auf Prov.7,11. Beschrieben werden die sündige jüdische Gemeinde bezw. die Sünder in der Gemeinde.
3) In der Gemeinschaft der Sünder.
4) Die hier gewählte Übersetzung des hebräischen ʾYN QWRʾ BṢDQ folgt der Auslegung Abraham Ibn Esras in seinem Jesajakommentar zu Kap.59,4. Der Text wird in der jüdischen Exegese auch noch anders gedeutet. Die jüdisch - arabische Version Saadja Gaons zur Stelle übersetzt etwa: KEINER MACHT AUF BERECHTIGTE WEISE EINEN ANSPRUCH GELTEND.*
5) Die Übersetzung lehnt sich an David Kimchis Auffassung in seinem Jesajakommentar zur Stelle an.*
6) Das schwierige und unterschiedlich gedeutete Wort ŠLHBTYH ist hier nach Raschis Hoheliedkommentar zur Stelle wiedergegeben worden.*
7) Der sehr schwierige Jesajatext ist wieder nach David Kimchis Bemerkungen zur Stelle wiedergegeben worden.*

SIE SPRACHEN: DER HERR WIRD ES NICHT SEHEN (Ps.94,7), wo er doch von seiner Stätte aus den Inhalt ihres Tuns überwacht. DER DIE HERZEN PRÜFT (Prov.21,2) ist GEWALTIG AN TAT (Jer.32,19). AUF OFFENER STRASSE IST DIE WAHRHEIT INS STRAUCHELN GERATEN (Jes.59,14); DIE ÄLTESTEN HABEN AUFGEHÖRT, IM TOR ZU SITZEN (Threni 5,14).[1] Denn es wurde IN STÜCKE GESCHLAGEN UND LIEGT IN TRÜMMERN (Jes.24,12). Deshalb sind die Trauernden betrübt und heulen ganz laut. Denn DESWEGEN HAT SICH DAS RECHT VON UNS ENTFERNT UND ERREICHT UNS KEINE GERECHTIGKEIT (Jes.59,9) in der Gefangenschaft (des Exils): weil DIE WAHRHEIT NICHT MEHR VORHANDEN IST UND DERJENIGE, DER DAS BÖSE MEIDET, ALS NARR ANGESEHEN WIRD (Jes.59,15).[2] Wer (dann tatsächlich) um den Verstand kommt, handelt grausam und WÄLZT SICH IM BLUT (2.Sam.20,12).[3] Sein Frevel vollzieht sich IM LAND DES VERGESSENS (Ps.88,13). Der Spötter spottet dreist daher;[4] seine Zunge geht als Feuer ins Land.[5] In niederträchtiger Weise reisst er auf den Strassen der Stadt seinen Mund weit auf. MIT NUTZLOSEN DINGEN BESCHÄFTIGT ER SICH;[6] EIN IRREGELEITETES HERZ HAT IHN VOM RECHTEN WEG ABGEBRACHT (Jes 44,20).[7] WENN ER GANZ UND GAR WEGSCHICKT (Ex.11,1)[8]

---

1) Das Tor ist in der Bibel Gerichtsstätte.

2) Die Interpretation der in der jüdischen Exegese unterschiedlich gedeuteten Verbform MŠTWLL folgt der Auslegung der Jesajastelle in b Sanhedrin 97a. Das Prophetentargum Jonathan zur Stelle spricht vom Ausgeplündertwerden.*

3) Im Blut des Opfers. Anders in der Bibel selbst.

4) Statt LŠWN ist doch wohl LṢWN zu lesen.

5) Anspielung auf Ex.9,23 und Ps.73,9.

6) Die Übersetzung von RWʿH ʾFR folgt David Kimchis Jesajakommentar zur Stelle.*

7) Mit dem Hrsg. ist HWṬL HWṬHW zu HWTL HṬHW zu verbessern.

8) Das schwierige KLH ist in Anlehnung an das Targum Onkelos zur Stelle interpretiert worden.*

DIE FRAU AUS DER JUGENDZEIT (Jes.54,6),[1] sinnt er auf Böses, um es auszuführen, vertraut auf Nichtiges und sagt: WO IST DENN DER SCHEIDEBRIEF, KRAFT DESSEN ICH SIE WEGGESCHICKT HABE (Jes.50,1)?[2] FÜR WAS IST ER[3] DENN SCHON ZU ERACHTEN (Jes.2,22)? DER STAR GEHT ZU DEN RABEN (b Chullin 65a).[4] JENE, DIE SCHWIERIGKEITEN MACHEN UND WIDERSPENSTIG SIND (Hes.2,6),[5] WERDEN SICH SELBST NICHT RETTEN KÖNNEN (Jes.47,14). Sie sprachen nicht: "Befindet sich etwa in unserer rechten (Hand) keine Lüge?"[6] EIN BOGEN VOLLER TRUG (Ps.78,57) ist ihr Bogen; (so) sind (auch) ihre Pfeile, die sie herrichten.[7] Er[8] erklärte vor ihnen die

---

1) Im Jesajatext steht dieses Bild für Israel als Gottes Frau; hier bezieht es sich auf die Frau im Responsum. Der Terminus kommt auch noch an anderen Stellen vor, so in Proverbia 5,18. Der Midrasch Mischle zur Stelle deutet die dort genannte "FRAU AUS DEINER JUGENDZEIT" auf die Tora; und das Motiv der Toramissachtung dürfte auch hier im Responsum deutlich mitschwingen.*
2) Es geht um den Frevler, der im Responsum die Frau scheinbar aus der Ehe entlässt, um hernach zu argumentieren, dass der Scheidebrief ungültig gewesen sei. Der Bibeltext ist nicht ganz genau zitiert.
3) Der Scheidebrief.
4) Weil er, wie der Talmud fortfährt, von derselben Vogelart wie die Raben ist. Das heisst: Gleich und gleich gesellt sich gern. Im Kontext des Proömiums besagt dies: Ein Übeltäter sucht die Gesellschaft Gleichgesinnter.
5) Das invertierte SLWNYM WSRBYM ist nach der Auslegung des Prophetentargums Jonathan zur Stelle wiedergegeben worden.* Gemeint sind im Responsentext diejenigen, die den Erfordernissen des Gesetzes zuwiderhandeln.
6) Anspielung auf Jes.44,20.
7) Anspielung auf Ps.11,2.
8) Der Ehemann im Responsum.

Ungültigkeit dessen, was er zu schreiben befohlen hatte.[1] Ihr unheilvolles Tun komme auf ihr Haupt zurück.[2] Denn sie kamen zusammen, um untaugliche Nachkommenschaft in der Judenheit zu verursachen.[3] Darum soll man sie MIT ÜBERLEGENER MACHT (Ex.14,8 u.a.)[4]* MIT EINEM DORNZWEIG züchtigen, DER KEIN BLUT HERVORSPRUDELN LÄSST (b Ketubbot 91a),[5] während sie VOR DER GEMEINDE STEHEN, UM GERICHTET ZU WERDEN (Num.35,12). Denn die Sache ist höchst abstossend; und zwar um so mehr, als es sich (bei dem Ehemann) um einen Spross aus hochstehender Familie handelt, der so gegen Treu und Glauben verstösst.[6] Er, der nach meiner Kunde aus ihr und aus ihrer Schicht stammt, handelt sündhaft[7] mit bösem Vorsatz, entflammt den Streit und erregt Hader. Nun aber ist es mir damit genug; MEIN GEIST SOLL hierbei NICHT DEN RICHTER SPIELEN (GEN.6,3).[8] Denn das zurechtweisende Urteil steht der Führung des heiligen Volkes zu, und jedem, der Gott den Herrn fürchtet.

---

1) Hier spielt der Respondent auf den schon in der Eingangsfrage dargestellten Sachverhalt an, indem er dem Ehemann und den von ihm bestellten Zeugen Manipulationen zur Annullierung des Scheidebriefes unterstellt. Siehe auch den nachfolgenden Kontext.

2) Anspielung auf Ps.7,17.

3) Vergl. hierzu S.107 Anmerkung 2.

4) Das in der jüdischen Exegese verschieden gedeutete BYD RMH ist hier in Anlehnung an eine Deutung in der Mechilta des Rabbi Ismael, Wajehi Beschallach Kap.1 wiedergegeben worden.*

5) Gemeint ist die Verhängung des Banns durch die Gemeinde; siehe schon S.38 Haupttext und Anmerkung 3.

6) Statt M‘LH wird doch wohl M‘YLH zu lesen sein.

7) Oder: "aus Zorn"; hebräisch B‘BRH.

8) Das schwierige und vielfältig gedeutete YDWN ist hier in Anlehnung an eine von Abraham Ibn Esra in seinem Pentateuchkommentar zur Stelle mitgeteilte Auslegungstradition wiedergegeben worden.*

Aber mit der Hilfe meines gerechten Gottes will ich meinen Teil antworten, weil ich wegen der Nichtigkeitserklärung und der vorsorglichen Protesterklärung befragt worden bin, die dieser scheidungswillige Ehemann nach dem von ihm aufgebrachten Gerücht vorgenommen hat. Nun, das Rad dieser Frage dreht sich doch um (eine Achse mit) diese(n) zwei Pole(n): ob er die vorsorgliche Protesterklärung beziehungsweise Nichtigkeitserklärung[1] vor der Aufsetzung oder nach der Aufsetzung (des Dokumentes) abgegeben beziehungsweise vorgenommen hat und er (dabei) die wesentlichen Formulierungen des Scheidebriefes annulliert hat. Denn jeder der beiden Aspekte ist eine Sache, die AN MÄCHTIGEN TAMARISKEN HÄNGT (b ʿAboda Sara 7b u.a.),[2]* und im einen Fall auch an alten Lesarten.[3] Wenn es sich so verhält,[4] muss man die Zeugen[5] ausforschen. Sollte sich kraft ihrer Aussage ergeben, dass er nach der Abfassung des Scheidebriefes eine Protesterklärung oder eine Nichtigkeitserklärung abgegeben hat und er die wesentlichen Bestimmungen des Scheidebriefes in klarer Formulierung annulliert hat, so habe ich gemäss den Ausführungen Al-Fasis, dessen Andenken gesegnet sei, diese Meinung, dass er dieses Dokument für die Scheidung erneut verwenden kann. Denn er führt jene

---

1) Unklar bleibt hier, ob die Nichtigkeitserklärung sich auf den Scheidebrief oder auf die vorsorgliche Protesterklärung bezieht.
2) Das heisst: Die hierbei zu beachtenden Vorschriften basieren auf der Autorität grosser Gesetzesgelehrter.
3) Gemeint ist die differierende Talmudtextüberlieferung. Siehe dazu den nachfolgenden Kontext.
4) Wie in der Eingangsfrage des Responsums beschrieben.
5) Für die angebliche oder tatsächliche Nichtigkeitserklärung des Scheidebriefes durch den Ehemann. Diese ist im Prinzip dann wirksam, wenn sie ausgesprochen wird, bevor die Frau oder deren Empfangsbevollmächtigter das Dokument in der Hand hat.

Stelle aus dem Anfang des Kapitels HŠWLḤ an: ES ERGAB SICH FÜR SIE FOLGENDE FRAGE: DARF MAN DAS DOKUMENT FÜR EINE SCHEIDUNG[1] WIEDERVERWENDEN ODER DARF MAN ES FÜR EINE SCHEIDUNG NICHT WIEDERVERWENDEN? RAV NACHMAN SPRACH: MAN DARF ES FÜR EINE SCHEIDUNG WIEDERVERWENDEN. UND WIR SIND UNS DESSEN SICHER, DASS ES NACH RAV NACHMAN GEHT. Soweit Al-Fasis Worte.[2] Er hat den Einwand, den man in der Gemara bringt, nicht angeführt, (der wie folgt lautet:) WIR SIND UNS DOCH DESSEN SICHER, DASS DIE HALACHA (bei der Antrauung) NACH RABBI JOCHANAN GEHT, DER im Kapitel HʾWMR[3] GESAGT HAT, DASS EINE FRAU IHRE ZUSTIMMUNG RÜCKGÄNGIG MACHEN KANN (b Gittin 32b).[4] Man gibt dort folgende Antwort: WIE KÖNNEN DIE BEIDEN FÄLLE MITEINANDER VERGLICHEN WERDEN? DORT HANDELT ES SICH JEWEILS UM EIN GESPROCHENES WORT; EIN WORT KOMMT DAHER UND MACHT DAS ANDERE ZUNICHTE.[5] HIER ABER IST ES SO: SELBST WENN DIE BEVOLLMÄCHTIGUNG DES BEVOLLMÄCHTIGTEN[6] (FÜR) NICHTIG (ERKLÄRT) WIRD – WERDEN DADURCH ETWA DIE WESENTLICHEN BESTIMMUNGEN DES SCHEIDEBRIEFES NICHTIG (b Gittin a.a.O.)? Weil er[7] den Einwand und

1) Von ein- und derselben Frau.
2) Halachot zu b Gittin 32b.
3) Siehe b Kidduschin 59a-b.
4) Wenn ein Mann sich eine Frau unter der Bedingung antraut, dass die Antrauung nach dreissig Tagen gültig werden soll, kann die Frau nach Rabbi Jochanan ihre anfangs gegebene Zustimmung in dieser Zeit rückgängig machen. So wie die Antrauung in solch einem Fall nichtig wird, wird nach einer in der Gemara zu b Gittin 32b ausgesprochenen Meinung auch ein rechtzeitig widerrufener Scheidebrief nichtig und für eine nochmalige Verwendung unbrauchbar.
5) Der Widerruf der Frau macht ihre vorausgegangene Einwilligung in die Antrauung zunichte.
6) Der Bevollmächtigte des Mannes ist gemeint, der in seinem Auftrag den Scheidebrief der Frau aushändigt.
7) Isaak Al-Fasi.

den antwortenden Erklärungsversuch nicht gebracht hat, tut er doch wirklich kund, dass man seiner Meinung nach auch mit einem für nichtig erklärten Scheidebrief die Scheidung noch einmal vornehmen kann. Denn wenn es nicht so wäre, hätte er den Einwand und den antwortenden Erklärungsversuch bringen müssen und diesbezüglich seine Meinung offenlegen müssen: (ob es sich[1] um ein Dokument handelt,) wo der Ehemann die Bevollmächtigung für nichtig erklärte, oder ob er den Scheidebrief (selbst) für nichtig erklärte, oder diesbezüglich gar keine Nichtigkeitserklärung abgab. Weil er aber seine Ansicht nicht offengelegt hat, sondern einfach so nach Rav Nachman entscheidet, ist daraus zu schlussfolgern, dass der Ehemann nach seiner Meinung[2] sogar einen annullierten Scheidebrief für eine Wiederholung der Scheidung verwenden darf. Zudem gibt es auch in (anderen) sehr genauen halachischen Texten[3] folgende (talmudische) Textfassung: SELBST WENN ER SEINE BEVOLLMÄCHTIGUNG FÜR NICHTIG ERKLÄRT HAT - WIRD DENN ETWA DER SCHEIDEBRIEF SELBST NICHTIG (b Gittin 32b)?[4] Gemäss dieser Lesart ist zu schlussfolgern, dass der Scheidebrief (selbst dann) nicht annulliert ist, wenn er ihn für nichtig erklärt hat. Aber es gibt hier noch eine andere Lesart mit folgendem Wortlaut: - ERKLÄRT ER DAMIT ETWA DEN SCHEIDEBRIEF SELBST FÜR NICHTIG? Aus ihr ist zu schlussfolgern, dass wenn er ihn für nichtig erklärt hat, er (auch wirklich) annulliert ist. Beide Lesarten gelten bei uns als glaubhaft. Und so ist dann auch die Meinung des Meisters Moses Maimonides seligen Andenkens einsichtig, wenn man die letztere Lesart zugrundelegt. Denn er hat

---

1) Bei dem Scheidebrief, den der Ehemann jetzt erneut verwenden will oder soll, nachdem er ihn zurückgenommen hat.
2) Nach der Meinung Isaak Al-Fasis.
3) Über die talmudische Primärtextüberlieferung hinaus.
4) Der aramäische Text des Talmuds ist hier geringfügig anders zitiert als auf S.115.

geschrieben, dass wenn er[1] die essentiellen Bestimmungen des Scheidebriefes für nichtig erklärt, dieser (auch wirklich) annulliert ist - gleichgültig, ob er sich noch in seiner Hand oder schon in der Hand des Bevollmächtigten (des Mannes) befindet.[2] Dahin neigte auch die Ansicht des grossen Meisters seligen Andenkens.[3] Ebenso hat es auch unser Meister Meir ha-Levi seligen Andenkens geschrieben, der sich ganz ausführlich zu dem Problem geäussert hat.[4] Derselben Ansicht sind auch der Autor des Sefer ha-Haschlama[5] und andere Grosse. Doch da war einmal in unserer Stadt zu der Zeit, als sie im Hinblick auf Toragelehrsamkeit und (zahlenmässige?) Grösse eine Metropole in der Judenheit darstellte,[6] ein ganz bestimmter Fall. In Verbindung mit diesem fällte man die Lehrentscheidung, dass man mit einem für nichtig erklärten Scheidebrief die Scheidung (gleichwohl) noch einmal vornehmen dürfe. Dies ist es, was der Meister Abraham seligen Andenkens, der Präsi-

---

1) Der scheidungswillige Ehemann.

2) Siehe Mischne Tora, Hilchot Geruschin Kap.6 § 21. Nach der Meinung des Maimonides ist ein annullierter Scheidebrief dann natürlich nicht mehr wiederverwendbar.

3) Wen der Respondent hier meint, ist nicht zu ermitteln. Siehe schon den Hrsg. zur Stelle.

4) Es geht um den in der ersten Hälfte des 13.Jahrhunderts wirkenden spanischen Talmudisten Meir Abulafia und seine Novellen zum Traktat Gittin. Sie liegen inzwischen teilediert vor, nicht aber zur fraglichen Passage.

5) Gemeint ist der provençalische Talmudgelehrte Meschullam Ben Moses von Béziers, der ebenfalls in der ersten Hälfte des 13.Jahrhunderts wirkte und mit seinem genannten Werk die Halachot Al-Fasis in gross angelegter Weise zu ergänzen versuchte. Der Traktat zu Gittin ist meines Wissens bis heute noch nicht ediert.

6) Die Rede ist von Narbonne. Der Respondent scheint zur Zeit der Erteilung des Responsums dort gewohnt zu haben. Siehe auch den Hrsg. zur Stelle.

dent des jüdischen Gerichtshofes, dazu geschrieben hat:[1] WIR FÄLLTEN ZU FÜNFT EINE EINVERNEHMLICHE ENTSCHEIDUNG BEZÜGLICH EINES SCHEIDEBRIEFES, DER SCHON GESCHRIEBEN WAR UND WO DER EHEMANN NACH DESSEN ABFASSUNG SPRACH: 'DIESER SCHEIDEBRIEF SOLL KEINEN EFFEKT HABEN; ER SOLL DIE SCHEIDUNG NICHT BEWIRKEN; ER SOLL (die Frau) NICHT ENTLASSEN; ER SOLL (sie) NICHT FREISETZEN (b Gittin 32b);* ER SEI NICHTIG; ICH WILL IHN NICHT (b Gittin 32a).'* (Wir entschieden,) DASS ER MIT DIESEM DOKUMENT DIE SCHEIDUNG WIEDERHOLEN DÜRFE. DENN DIE HALACHA FOLGE RAV NACHMAN, WONACH KEINE MÜNDLICHE BEMERKUNG DEN SCHEIDEBRIEF FÜR NICHTIG ERKLÄRE(N KÖNNE). SEINE WORTE, DIE ER[2] GESAGT HABE, SEIEN BESTANDSKRÄFTIG; DENN DURCH JENE ÜBERGABE (des Scheidebriefes)[3] WERDE SIE NICHT GESCHIEDEN.[4] DER SCHEIDEBRIEF SELBST ABER WERDE NICHT UNGÜLTIG; ER KÖNNE MIT IHM SEINE SCHEIDUNG WIEDERHOLEN. Soweit seine Ausführungen. Auch einige unserer Lehrer, deren Andenken gesegnet sei, waren dieser Meinung wegen jener Frage, ob MAN DAS DOKUMENT FÜR EINE SCHEIDUNG WIEDERVERWENDEN DARF usw. (b Gittin 32b). Auf die Formel: DIESER SCHEIDEBRIEF SOLL (die Frau) NICHT FREIGEBEN; ER SOLL (sie) NICHT FREISETZEN; ER SOLL DIE SCHEIDUNG NICHT BEWIRKEN bezieht sich die Aussage, DASS SEINE WORTE BESTANDSKRÄFTIG SIND (b Gittin a.a.O.). (An sich) kann man keine grössere Nichtigkeitserklärung[5] als diese abgeben. Doch selbst bei solch einer Situation SAGT RAV NACHMAN: MAN DARF IHN FÜR EINE SCHEIDUNG WIEDERVERWENDEN (b Gittin a.a.O.). Wir können jene Gemarastelle durchaus mit jenem Text harmonisieren, wo man dem Mann einen Scheidebrief (zur Weitergabe an die Frau)

---

1) Gemeint ist Abraham Ben Isaak aus Narbonne, der im 12. Jahrhundert lebte. Woraus der Respondent zitiert, lässt sich nicht feststellen.
2) Der scheidungswillige Ehemann.
3) Die nach der formgerechten Rücknahmeerklärung erfolgt.
4) MGRŠ' ist ein Partizip Paʿel Passiv Femininum Singular.
5) Mit dem Hrsg. ist ein BṬWL zu ergänzen.

unter Zwang aushändigte,[1] er ihn dann für nichtig erklärte und man ihm daraufhin einen anderen Scheidebrief aushändigte.[2] Denn dort verfügte es Rav Scheschet so, der (hier an unserer Stelle) SPRACH: MAN DARF IHN[3] BEI EINER SCHEIDUNG NICHT WIEDERVERWENDEN (b Gittin 32b).[4] Auch Rav Jehuda teilte seine Meinung.[5] Aber ein Tosafist, dessen Andenken gesegnet sei,[6] ist dieser Meinung, dass der Mann das Dokument nicht durch seine Aussage für nichtig erklären kann, weil in ihm doch ein definitiver Rechtsakt enthalten ist. Auch aus dem Kommentar unseres Meisters Salomon, dessen Andenken gesegnet sei, ergibt sich diese Aussage.[7] Dieser Ansicht neige auch ich zu, gemäss der traditionellen gesetzlichen Entscheidung. Dies ist der Weg der einen Art, der mir hierbei einsichtig erscheint.[8] Wenn aber dieser Mann, DER DIE MAUER NIEDERREISST (Kohelet 10,8),[9]* Leute seinesgleichen gefunden hat (und vor

---

1) In bestimmten, halachisch genau geregelten Fällen kann das jüdische Gericht den Ehemann zur Vornahme einer Scheidung auch gegen seinen Willen zwingen.

2) Siehe b Gittin 34a.

3) Den beim ersten Scheidungsversuch widerrufenen Scheidebrief.

4) Doch die Halacha geht nicht nach Rav Scheschet, sondern nach Rav Nachman, wie vorher dargelegt wurde.

5) Siehe b Gittin 34a.

6) Die Identität des Genannten ist nicht zu ermitteln. Siehe schon den Hrsg. zur Stelle.

7) Siehe Raschis Talmudkommentar zu b Gittin 32b.

8) Das heisst: Die Übergabe eines gültig angefertigten Scheidebriefes wird bei bestimmten Formen des Widerrufes ungültig, ohne dass dadurch das Dokument selbst wertlos wird. Der Ehemann kann es hernach erneut verwenden, wenn er wieder anderen Sinnes wird.

9) Nach Abot de-Rabbi Natan, Fassung B Kapitel 3 sind damit jene gemeint, die die Worte der Weisen missachten.*

ihnen das Dokument vorsorglich für nichtig erklärte),[1] sofort nachdem er den jüdischen Gerichtshof verlassen hatte und bevor der Schreiber Zeit genug hatte, das Dokument aufzusetzen - so herrschen auch zu diesem Fall unter den Gelehrten viele Ansichten. Denn nach den Worten des Meisters Moses Maimonides und des Meisters Abraham Ben David,[2] deren Andenken gesegnet sei, und (den Worten) der übrigen Gelehrten dieser Länder ist es offenkundig, dass die Annullierung einer vorsorglichen Protesterklärung, die der Ehemann in der Stunde der Übergabe macht,[3] nichts mehr nützt, wenn schon der Scheidebrief ungültig geschrieben wurde.[4] Deswegen führten alle unsere Gelehrten den Brauch ein, dass man die vorsorgliche Protesterklärung vor der Aufsetzung (des Scheidebriefes) annullieren müsse. Sie lassen alsdann den scheidungswilligen Ehemann nirgendwo mehr hingehen, damit er nicht noch einmal eine Nichtigkeitserklärung (über den Scheidebrief) abgeben kann, nachdem er die Anweisung gegeben hat, den Scheidebrief aufzusetzen. Allerdings hat der Meister, der der Autor des (Sefer) ha-Teruma ist und dessen Andenken gesegnet sei,[5]

---

1) Im hebräischen Text ist etwas ausgefallen. Siehe schon den Hrsg. zur Stelle, der freilich nur ein WBṬL ergänzen möchte.

2) Zu seiner Person siehe S.14 Anmerkung 1. Er war übrigens ein Schwiegersohn Abraham Ben Isaaks aus Narbonne. Die ihm hier zugeschriebene Anschauung lässt sich sonst nicht mehr belegen. Siehe schon den Hrsg. zur Stelle.

3) Also kurz vor der Übergabe des Scheidebriefes an die Frau oder an ihren bevollmächtigten Vertreter.

4) Letzteres ist der Fall, wenn der Ehemann vor Aufsetzung des Dokumentes vor Zeugen spricht, dass es ungültig sein soll, und wenn er diese Aussage nicht vor der Aufsetzung des Dokumentes (gültig) widerruft.

5) Gemeint ist Baruch Ben Isaak aus Worms, der um 1200

ebenso wie andere Grosse aus Frankreich folgendes geschrieben: Sobald der Ehemann dem Schreiber die Anweisung gegeben habe, das Dokument aufzusetzen, und den Zeugen, es zu unterschreiben, könne er es in ihrer Abwesenheit nicht mehr annullieren, sondern nur noch auf ihre Anweisung hin, wobei er zuvor (in ihrer Gegenwart) seinen Willen kundgetan haben müsse,[1] einen entsprechenden Rechtsakt[2] vorzunehmen. Über dieses Problem haben sie sich ausführlich geäussert; ihre Ausführungen dazu sind in ihren Büchern niedergeschrieben. Ferner hält man es in Frankreich darüber hinaus noch so, dass man sich um die Annullierung eines vorsorglichen Protestes überhaupt nicht kümmert, bis der Zeitpunkt der Übergabe (des Scheidebriefes) gekommen ist.[3] Etliche Male disputierte ich in dem Land, wo ich als Fremdling weilte, mit seinen grossen (jüdischen) Repräsentanten über dieses Problem. Dabei war ich nicht willens, mich zu den Vertretern ihrer Auffassung zählen zu

---

(Fortsetzung von Anmerkung 5 der vorigen Seite:)
herum sein berühmtes halachisches Kompendium verfasste. Die nachfolgenden Ausführungen lassen sich in § 128 der Hilchot Gittin verifizieren.

1) Entgegen dem Hrsg. muss ŠRṢH nicht zwingend in ŠṢWH abgeändert werden.

2) Gemeint ist die Nichtigkeitserklärung der Scheidung respektive des Scheidebriefes.

3) Erst direkt vor der Aushändigung des Dokumentes an die Frau oder an ihren Bevollmächtigten lässt man den scheidungswilligen Ehemann alle zuvor gemachten Einreden und Vorbehalte widerrufen. Diese stark vereinfachte Prozedur soll die Rechtsunsicherheiten umgehen, die durch die Abgabe einer vorsorglichen Protesterklärung, ihren nachfolgenden Widerruf und einer anschliessenden Annullierung des Widerrufes in Bezug auf die Gültigkeit des Scheidebriefes respektive der Scheidung entstehen. Auch Baruch Ben Isaak aus Worms plädiert übrigens in seinem Sefer ha-Teruma a.a.O. für diese Prozedur.

lassen,[1] sofern der Ehemann die Annullierung (seiner Einreden) nicht (ausserdem noch) vor (der Aufsetzung des Scheidebriefes) vornehmen würde. Das aber erschien ihnen als unzumutbare Härte: ihren Brauch zu ändern. Denn sie wollten die früheren Scheidebriefe nicht zum Gegenstand bösen Geredes machen. Mir aber erscheint es wesentlich unangenehmer, wenn man den Scheidebrief zu einer wertlosen Krugscherbe macht. Denn sobald der Ehemann ganz klar die von ihm erteilte Vollmacht zur Aufsetzung und Unterzeichnung des Scheidebriefes annulliert,[2] bevor die Betreffenden den Scheidebrief aufgesetzt und unterschrieben haben, so können sie bei dieser Sachlage dann nicht mehr das Dokument unter Verwendung seines und ihres Namens[3] aufsetzen und unterschreiben. Sie sind nämlich dann gar nicht mehr seine Bevollmächtigten und schreiben und unterzeichnen das Dokument dann gar nicht mehr auf seine Anweisung hin! Denn dann ist er wie jemand, der SCHREIBER DIKTIEREN HÖRT:[4] (DER UND DER MANN LÄSST SICH VON DER UND DER FRAU AUS DEM UND DEM ORT SCHEIDEN. WENN DER ZUHÖRER DANN SAGT: DA KOMMT MEIN NAME UND DER NAME MEINER FRAU VOR, IST DAS BETREFFENDE DOKUMENT FÜR SEINE SCHEIDUNG NICHT GEEIGNET) (M Gittin III,1). Denn das Dokument kann fernerhin überhaupt nicht mehr (zur Ausführung des Rechtsaktes) geeignet gemacht werden.[5] Denn dies ist doch viel schwieriger: (den Scheidebrief eines Mannes) für tauglich zu erklären, der (vor der Aufsetzung und Unterzeichnung desselben) einfach so eine vorsorgliche Protesterklärung abgibt und sie bis zur Stunde der Aushändigung nicht annulliert. Denn

---

1) LMNWT ist doch wohl ein synkopierter Infinitiv Nifʿal.
2) Mit dem Hrsg. ist ein BYṬL zu ergänzen.
3) Der Name der Ehefrau ist hier gemeint.
4) Es geht im zitierten Mischnatext um Schreiber, die anderen das Schreiben von Urkunden anhand fiktiver Fälle beibringen.
5) Da es schon bei der Ausfertigung ungültig war.

in diesem Fall, mit dem wir es da zu tun haben, hat er doch klar die Bevollmächtigung des Schreibers und der Zeugen für die Aufsetzung dieses Scheidebriefes annulliert.[1]
Wenn es sich aber so verhält, auf welche Weise kann er ihn dann hernach für tauglich erklären?
Ich habe zu diesem Problem geschrieben, was in meinen Augen einsichtig ist, zusammen mit dem, was ich an Belehrung aus der Tradition empfangen habe - soweit wie ich mit Gottes Hilfe dazu in der Lage gewesen bin. Möge er DEN GUTEN GUTES TUN, UND DENEN, DIE AUFRECHTEN HERZENS SIND! DIE ABER IN IHRER KRUMMEN ART ABWEGE GEHEN, WIRD DER HERR MIT DEN SÜNDERN VERGEHEN LASSEN. HEIL KOMME ÜBER ISRAEL (Ps.125,4f),[2] so wie ich es sehnlich wünsche!
Mordechai, der Sohn von Herrn Isaak. DER GERECHTE SOLL DURCH SEINEN GLAUBEN LEBEN (Habakkuk 2,4).[3]

---

1) Der scheidungswillige Ehemann verliess ja nach der Darstellung auf S.108f für eine gewisse Zeit das Gericht, während der er nach Mordechai Kimchis Auffassung erneut eine vorsorgliche Protesterklärung gegen die Aufsetzung des Dokumentes abgab, und zwar vor dem Zeitpunkt seiner Fertigstellung!
2) Vergl. auch schon S.39 oben.
3) Text in: TŠWBWT ḤKMY PRWBYNṢY’, a.a.O., S.211ff § 62.

WENN DIE ERDE EINE ANDERE GESTALT ANNIMMT, WENN DIE BERGE WANKEN (Ps.46,3),[1] dann befindet sich Israel mitten in den Meeren[2] der Bedrängnis und den Strudelquellen der Verwirrung. Es ist eine Generation, die vielfach bedrängt wird. Sie nimmt immer mehr ab[3] und wandelt ZUCHTLOS AUF DEM WEG, DER NACH IHREM HERZEN IST (Jes.57,17). DER JÜNGLING VERHÄLT SICH FRECH GEGENÜBER DEM GREIS, UND DER GERING GESCHÄTZTE GEGENÜBER DEM GEACHTETEN (Jes.3,5). DER NIEDERREISSER IST VOR IHNEN HINAUFGESTIEGEN (Micha 2,13), um DIE GEZIEMENDE SCHUTZMAUER (Hes.42,12)[4] niederzureissen. Man sagt (dazu), was gesagt steht: WENN SCHON DIE ZEDERN VON DER FEUERSBRUNST BEFALLEN WERDEN, WAS SOLLEN DANN NOCH DIE YSOPGEWÄCHSE AN DER MAUERWAND TUN (b Moʿed Katan 25b)?[5] JEDERMANN (TUT),[6] WAS ER PERSÖNLICH FÜR RICHTIG HÄLT (Jud.17,6), (und) REISST MAUERWERK NIEDER (Jes.22, 5).[7] DER EDLE VOR DEM GERINGEN (Hiob 34,19) ist ihre Rede.[8] IHRE ZUNGE DURCHWANDERT DAS LAND (Ps.73,9), in dem

---

1) Das Psalmzitat ist im vorliegenden Kontext schwierig zu deuten. Vielleicht geht es um weltweite Verwirrung.

2) Oder: "in den Tagen"; hebräisch YMY.

3) In Bezug auf Toragelehrsamkeit und Toraobservanz.

4) Das sehr schwierige HGDRT HGYNH ist nach David Kimchis Auslegung in seinem Hesekielkommentar zur Stelle übersetzt worden.* Bei Mordechai Kimchi ist der Sünder gemeint, der die Verbote des Gesetzes übertritt.

5) Das heisst im Kontext des Proömiums: Wenn schon die Führungsschicht in der jüdischen Gemeinde die traditionelle Toraobservanz missachtet, was darf man dann noch von den einfachen Gemeindemitgliedern erwarten?

6) Mit dem Bibeltext ist YʿŚH sinngemäss zu ergänzen.

7) Das schwierige MQRQR QYR ist nach Abraham Ibn Esras Jesajakommentar zur Stelle übersetzt worden.*

8) Statt ŠTWTM ist die Variante ŚFTM zu bevorzugen. Die Sünder, die hier reden, halten sich für jene Gruppe in der Gemeinde, die kraft ihrer gesellschaftlichen Stellung ihr Tun respektiert wissen will.

sie umherschweifen. Sie wandeln in ihm umher, um zu sagen: WER IST UNSER HERR (Ps.12,5)? UND WENN ES UM EIN GERICHT GEHT - WER KANN uns HINZITIEREN (Hiob 9,19)? WELCHER LEHRER KOMMT uns denn GLEICH (Hiob 36,22)? IN IHREN EIGENEN AUGEN sind sie GELEHRTE (Jes.5,21). SO GERIET DIE WAHRHEIT ABHANDEN; UND DER DAS BÖSE MEIDET (Jes.59,15) steht im Abseits. Sie jagen ihm Schrecken ein mit IHRER ZORNIGEN ZUNGE; SIE IST DAS ORGAN IHRER HOHNREDE (Hos.7,16):[1] LEGE DICH BLOSS NICHT AN (2.Chr.35,21) mit DEN GÖTTERN AUS SILBER UND DEN GÖTTERN AUS GOLD (Ex.20,20),[2] die mit mir sind,[3] damit sie nicht DEINE LIEBLICHEN WORTE (Prov.23,8) zunichte machen! NIEMAND SCHENKT DIR GEHÖR (2.Sam.15,3). MÄCHTIG SIND SIE IM LAND GEWORDEN, DOCH NICHT ZUR WAHRHAFTIGKEIT (Jer.9,2). Sie nehmen sich Frauen von denen, die sie finden, die sie sich erwählt haben.[4] IM EINEN FALL GEHT ES UM DIE ERSTE, IM ANDERN FALL UM DIE ZWEITE VERMÄHLUNG (b Sota 2a). Wenn sie[5] eine Schöne[6] finden, schöner als sie,[7] sagen sie:[8] NIMM SIE FÜR MICH; DENN SIE GEFÄLLT MIR (Jud.14,3). DIE EINE IST SCHÖN;[9] DIE ANDERE IST NICHT SCHÖN (b ᶜErubin 64a).[10] Ich will mir durch Gelübde (jeg-

---

1) Der Hoseatext ist im Kontext des Proömiums schwer zu übersetzen.
2) Und nicht Ex.20,29, wie vom Hrsg. angegeben.
3) Der Singular der ersten Person bezieht sich auf die Zunge zurück. Die Götter aus Silber und Gold, also die Götzen, repräsentieren hier wahrscheinlich nichtjüdische Autoritäten, mit denen sich der Bedrohte nicht anlegen soll. Siehe unten S.130ff.
4) Die Verächter des Gesetzes heiraten ohne Rücksicht auf halachische Restriktionen.
5) Die Ehemänner. Statt BMṢʾH ist BMṢʾM zu lesen.
6) Eine Frau, die sie begehren.
7) Schöner als die momentane Ehefrau.
8) Zum Heiratsvermittler.
9) Die Frau, die sie begehren.
10) Die Frau, mit der sie im Moment verheiratet sind.

lichen) Genuss, der von ihr herrührt, untersagen.[1] WAS ZUERST DA IST,[2] SCHAFFT MAN AUCH ALS ERSTES BEISEITE. DAS IST DIE ALLGEMEINE REGEL (b Rosch ha-Schana 17a).[3] SO GEHT IHR[4] DURCH DIE MAUERLÜCKEN HINAUS, JEDE FRAU[5] AN DER STELLE, DIE SIE VOR SICH HAT (Amos 4,3).[6] Deswegen (aber) müssen DIE SÄULEN DES HIMMELS (Hiob 26,11) und die Fundamente der Welt nicht mutlos werden.[7] SIE HELFEN EIN JEDER SEINEM NÄCHSTEN (Jes. 41,6). SIE HÄNGEN FEST ZUSAMMEN UND TRENNEN SICH NICHT VONEINANDER (Hiob 41,9). DER GEIST DER VERWIRRUNG (Jes.19,14) KOMMT NICHT ZWISCHEN SIE (Hiob 41,8). SOFERN EIN FUCHS HOCHKLETTERT UND DURCH IHRE STEINERNE MAUER BRICHT (Neh. 3,35),[8] richten sie die mit Mauern gebaute eingefallene Hütte wieder auf und vermauern deren Bre-

---

1) Statt ʾDYRNʾ ist ʾDYRNH zu lesen. In M Baba Batra X,7 macht der Ehemann mit dieser Formulierung eine Rückheirat seiner geschiedenen Ehefrau rechtlich unmöglich.* Hier im Proömium hat die Formulierung eine etwas andere Bedeutung. Siehe S.128 Anmerkung 7.
2) Gemeint ist die zuerst geheiratete Frau.
3) Das Talmudzitat wird gegenüber seinem ursprünglichen Kontext hier stark sinnverfremdet.
4) Die geschiedenen Frauen werden angeredet.
5) Statt ʾŠR ist mit dem Hrsg. selbstverständlich ʾŠH zu lesen.
6) Das schwierige NGDH ist hier nach Raschis Amoskommentar zur Stelle wiedergegeben worden.* Der Respondent geisselt die leichtfertige Scheidungsmoral seiner Glaubensbrüder.
7) Die beiden Termini stehen hier in bildlicher Bedeutung für die Frommen und Gerechten in den jüdischen Gemeinden. Ihr Toragehorsam erfüllt eine kosmische Funktion. Sie verhindern mit ihrer Gesetzesobservanz, dass die Welt im Chaos versinkt und das Firmament über der Erde zusammenstürzt.
8) In der Bibel selbst ist die Satzkonstruktion anders.

schen.[1] KLEINE FÜCHSE (sind es), DIE DEN WEINBERGEN SCHADEN BRINGEN (Hohelied 2,15). DER WEINBERG DES HERRN DER HEERSCHAREN, meines Gottes, IST DAS HAUS ISRAEL (Jes.5,7). SIE JAGEN (die Füchse) MIT EINEM FANGNETZ (Micha 7,2); DAS SCHUTZDACH WIRD (wieder) HERGERICHTET (Nahum 2,6).[2] SO WIRD DANN EINE HÜTTE TAGSÜBER SCHATTEN VOR SENGENDER HITZE BIETEN (Jes.4,6), die von den unmoralisch Handelnden verbreitet wird. SIE WIRD ZUM ZUFLUCHTSORT UND VERSTECK VOR DEM FLUTENDEN STROM (a.a.O.) schlechten Wassers,[3] vor WASSER, DAS MÄCHTIG IST UND HINWEGSCHWEMMT (Jes.28,2). Ein Sturmwind (kommt da auf), der WIE EIN DAHINSTÜRMENDES SCHLACHTROSS (Jer.8,6) ist. Solche Leute[4] BEKOMMEN WEDER EINEN (Weisen) MIT WACHEM VERSTAND NOCH EINEN (Schüler), DER ANTWORT GIBT (b Sanhedrin 82a).[5] Ihre Schande sollen sie als Lehre empfangen. Aus deiner Hand soll ihnen diese zuteil werden, als Vergeltung für ihren Hochmut. Sie sollen ihre frevelhaften Absichten nicht Wirklichkeit werden lassen können. DENN DAS STEHT DIR WOHL AN (Jer.10,7),[6] SOWIE DEINEM KOLLEGEN UND DEM KOLLEGEN DEINES KOLLEGEN

---

1) Das heisst: Sie versuchen dem sündigen Tun in der jüdischen Gemeinschaft entgegen zu wirken.
2) Nämlich für die Hütte im Weinberg.
3) Schlechtes Wasser ist im rabbinischen Sprachgebrauch unter anderm ein bildlicher Ausdruck für halachische Irrlehren. Vergl. schon M Pirke Abot I,11.*
4) Die im vorausgehenden Kontext durch die zerstörerischen Naturgewalten typologisiert wurden.
5) Als Strafe für ihr Fehlverhalten. Der Talmudtext exegesiert Maleachi 2,12, wo die Wendung ʿR WʿWNH zuerst auftaucht. Das Prophetentargum Jonathan deutet die fraglichen Worte auf "Sohn und Enkel".* Diese Auslegung würde ebenfalls ausgezeichnet hierher passen: Den Sündern wird für ihr Fehlverhalten von Gott die Nachkommenschaft verweigert.
6) Und nicht Jer.10,5, wie vom Hrsg. angegeben.

(b Ketubbot 65a).[1] An einem Tage, wo das Gesetz fern war,[2] LEGTE ER EIFRIG HAND AN (Neh.3,20),* um die UMGESTOSSENE MAUER (Ps.62,4) wieder aufzubauen.[3] Umlagere schützend dein Haus ob des (feindlichen) Heeres ringsum![4] Kein Narr aus deiner Generation soll es niederreissen können. SIEHE, DIES STEHT HINTER UNSERER MAUER (Hohelied 2,9), den Mauerwänden unseres Herzens: Es sehnt sich leidenschaftlich danach,[5] die Satzungen des Religionsgesetzes zu erhalten und deren Observanz durch zusätzliche Vorschriften zu sichern, damit ihr Fuss vom rechten Wege nicht abweicht.[6] Der Betreffende heiratete vor etlicher Zeit eine Frau, eine Tochter aus gutem Hause. Als er eine schönere Frau als seine eigene ausfindig machte, versagte er sich ihr gegenüber kraft Gelübdes den Genuss (der ehelichen Beiwohnung). Alsdann trat er vor uns hin und ersuchte uns, dass wir ihn zwingen sollten, sich von ihr scheiden zu lassen.[7] Wir schalten ihn in gebührender Form, nachdem er getan hatte, was er getan hatte. Wie du es in dem Manu-

---

1) Der Empfänger des Responsums wird angeredet.
2) Anspielung auf die dunkle Stelle Micha 7,11.
3) Der Kollege des Angesprochenen ist wohl in einer nicht näher bezeichneten Angelegenheit irgendwann einmal energisch gegen eine Gesetzesverletzung vorgegangen.
4) Anspielung auf Sacharja 9,8.
5) Anspielung auf Jer.4,19.
6) Statt LHṬWT RGLH muss es MLHṬWT RGLM heissen.
7) Weil der Ehemann für die Scheidung die Zustimmung seiner Frau benötigte, erlegte er sich ein Gelübde auf, das der Frau ihr Recht auf Geschlechtsverkehr nahm. Auf diese schändliche Weise wollte er das Einverständnis der Ehefrau für die Auflösung der Ehe erzwingen. Als sie darauf nicht einging, versuchte er vor dem jüdischen Gerichtshof einseitig die Scheidung zu erwirken, weil durch sein Gelübde die Fortsetzung der bisherigen Ehe völlig sinnlos geworden sei.

skript mit meinen Responsen verzeichnet findest, so hatte ich ihm geantwortet. Dies ist der Wortlaut des Responsums mit der Fallschilderung:
Ich, Mordechai, der Sohn von Herrn Isaak, BIN ALT GEWORDEN, HABE GRAUES HAAR (1.Sam.12,2)* und bin hochbetagt. Von Anfang an habe ich die Generationen (kommen und gehen) sehen. (Unter ihnen) LEUCHTEN EINSICHTIGE WIE DER GLANZ DES FIRMANENTES (Dan.12,3). DER GERECHTE FÜHLT SICH SICHER WIE EIN JUNGER LÖWE (Prov.28,1). Jeder, der das Gesetz meistert, erreicht, was ihm bestimmt ist. Sein Recht verschafft dem Licht der Völker[1] Frieden.[2] Doch die JETZT sind, HABEN DAS LICHT NICHT GESEHEN (Hiob 37,21). FINSTERE WASSER UND DICHTES HIMMELSGEWÖLK (Ps.18,12) (verbergen es).[3] IN IHREN EIGENEN AUGEN SIND SIE GELEHRTE (Jes.5,21), nicht aber DIE ÜBRIGGEBLIEBENEN, DIE DER HERR RUFT (Joel 3,5). Zufällig sind sie noch da,[4] DIE DEN KRIEG ZUM STADTTOR ZURÜCKBRINGEN (Jes.28,6).[5] STÄRKER ALS LÖWEN SIND SIE (2.Sam.1,23). Dennoch liegt die Furcht vor der Stechmücke auf ihnen.[6] Übriggeblieben sind sie WIE EIN FAHNENMAST

---

1) Damit sind die Juden gemeint.
2) Stark verfremdete Anspielung auf Jes.51,4.
3) Die Uneinsichtigkeit in das eigene Fehlverhalten verhindert die Erkenntnis des Wahren und Guten.
4) Die kleine Minderheit der Gerechten, insbesondere die frommen Gesetzesgelehrten.
5) Das Bild aus dem Bibeltext umschreibt das erfolgreiche Zurückschlagen der Feinde, die völlig in die Defensive geraten. Vergl. David Kimchis Auslegung zur Stelle.* Im Responsum geht es um den Kampf für die Tora und gegen ihre Verächter.
6) Anspielung auf ein Diktum in b Schabbat 77b, wonach der mächtige Löwe vor einer kleinen, schwachen Stechmücke Angst hat. Genauso fürchten auch die Gesetzesfrommen ihre Gegner, obwohl deren Argumente eigentlich ganz schwach sind.

UND WIE EINE SIGNALFLAGGE (Jes.30,17), AUF DASS SIE UM DER WAHRHEIT WILLEN IN DIE HÖHE GEHOBEN WERDE (Ps.60,6).[1] EIN MENSCH, BEDRÄNGT VON BLUTSCHULD AN EINER PERSON (Prov.28, 17),[2] den kann kein Held mehr retten.[3] Darum habe ich mich seit geraumer Zeit aus Streitsachen herausgehalten, weil der betreffende Fall sich übel für mich auswirkte. Es kam nämlich eines Tages ein junger Mann[4] vor mich, der sich von seiner Frau scheiden lassen wollte, gegenüber der er ein Gelübde gemacht hatte.[5] Da antwortete ich: "Ich will mich mit euch nicht befassen!" Daraufhin zitierten sie mich vor unseren Herrn Bischof, dessen Hoheit erhaben sei, und zwar zweimal.[6] Als er merkte, dass ich nicht geneigt war, mich mit der Sache zu befassen, zeigte er sich mir gegenüber höchst gnädig und entliess mich. So entzog ich mich ihnen (fürs erste). (Hernach zitierten sie mich)[7] vor den (nichtjüdischen) Richter, dem ich mich mit hin-

---

1) Die Übersetzung des Psalmverses mit der schwierigen Verbform LHTNWSS folgt David Kimchis Auslegung in dessen Sefer ha-Schoraschim s.v. NSS.*

2) Raschi deutet in seinem Proverbienkommentar zur Stelle den Betreffenden nicht auf einen Mörder, sondern auf jemanden, der seinen Glaubensbruder zur Sünde verführt und ihm dadurch den Verlust des ewigen Heils verursacht.*

3) Anspielung auf Jer.14,9.

4) Statt der letzten drei Worte schreibt eine Variante: "der Fall von Mordechai, des Sohnes von Herrn Moses, der auch Panscho aus Viviers genannt wird".

5) Nachdem er gelobt hatte, mit ihr keinen ehelichen Verkehr mehr auszuüben, wollte er die Scheidung erzwingen, um anschliessend seine Favoritin zu ehelichen.

6) Der Mann (und die Geliebte?) wandten sich nunmehr an die nichtjüdische Obrigkeit, um den Respondenten und sein Kollegium zur Vornahme der Scheidung zu zwingen.

7) Mit dem Hrsg. ist ein ʾḤR QRʾWNY zu ergänzen.

reichend fundierten Argumenten entwinden konnte. Danach zitierten sie mich vor den leitenden Beamten.[1] Der übte starken Druck auf mich aus. Er zwang mich, seine Fragen zu beantworten, **EINE NACH DER ANDERN, UM DIE SUMME ZU FINDEN** (Kohelet 7,27)[2] - so wie man es mir von Himmel her geoffenbart hatte. Und so antwortete ich denn.
Die erste Frage lautete: "Wenn jemand seiner Frau kraft eines Gelübdes den ehelichen Verkehr versagt und spricht: 'Der Genuss, den ich aus dem Geschlechtsverkehr mit dir habe, sei mir verboten!'; und wenn dann die Verwandten[3] sich (bei ihm) etliche Male bemühen, dass er sein Gelübde bereuen möge und einen Gelehrten aufsuchen möge, um (ihn) deswegen zu konsultieren;[4] und wenn er ihnen jedesmal antwortet, dass ihn das Gelübde nicht gereue und er niemals deswegen (einen Gelehrten) konsultieren werde; und wenn dieser Mensch das Gebot, fruchtbar zu sein und sich zu mehren, (noch) nicht erfüllt hat - wie ist mit ihm rechtlich zu verfahren?"
Das war die Antwort: "Folgendes Recht ist gegenüber dem Mann anzuwenden: Wenn seine Frau zum jüdischen Gerichtshof kommt, nachdem die Zeit verstrichen ist, die sie sich mit ihm (ohne Intimverkehr) abgeben muss,[5] muss man sich

---

1) Im hebräischen Text steht ŠWṬR. Wo sich das Geschehen zutrug, teilt Mordechai Kimchi leider nicht mit. Vielleicht war es Carpentras. Andernorts bezeichnet das Wort gelegentlich den Konsul. Auf jeden Fall verbirgt sich auch hier eine nichtjüdische Autorität dahinter.
2) Die Summe der Antworten auf die gestellten Fragen.
3) Die Verwandten der Frau sind gemeint.
4) Der Gesetzesgelehrte soll einen Weg zur Rücknahme des Gelübdes öffnen und es annullieren.
5) Nach der hillelitischen Halacha von M Ketubbot V,6 muss die Frau eine Woche lang das Enthaltsamkeitsgelübde des Ehemannes hinnehmen. Alsdann kann sie die Scheidung fordern, falls der Mann nicht die Auflösung seines Gelübdes betreibt.

mit ihr befassen. Er ist verpflichtet, sich von ihr scheiden zu lassen und ihr die Ketubba auszuzahlen, nachdem sie gegen ihn die Klage eingereicht hat.[1] Will sie aber (dennoch) alle ihre Tage bei ihm verbringen, muss man ihn nicht verpflichten, sich von ihr scheiden zu lassen, nachdem sie als Opfer einer Bedrückung (auf ihren Anspruch auch noch) verzichtet (hat). Dann steht es in (seiner) Macht, das Gelübde solange gelten zu lassen, wie er will. WER DA SAGT: ICH WILL EINE VERORDNUNG DER WEISEN VON DIESER ART NICHT (auf mich angewendet wissen), DEM SCHENKE MAN GEHÖR (b Ketubbot 83a), so wie es vielerorts im Talmud belegt ist. Diesbezüglich heisst es: WAS BEINHALTET DIE FORMULIERUNG 'VON DIESER ART'? WIE DAS, WAS RAV HUNA GESAGT HAT: RAV HAT GESAGT: (EINE FRAU DARF ZU IHREM MANN SAGEN: ICH BEANSPRUCHE DEN <mir zustehenden> UNTERHALT NICHT, MÖCHTE DAFÜR ABER AUCH NICHT <für dich> ARBEITEN) (b Ketubbot 83a).[2] Wenn hier aber der Grund angeführt wird, dass (durch das Gelübde des Mannes) das Gebot zunichte gemacht wird, fruchtbar zu sein und sich zu mehren - so ist die Diskussion dieses Aspektes hier nicht angebracht. Denn die Verpflichtung, sich aufgrund des Fortpflanzungsgebotes scheiden zu lassen, gilt ihrem Wesen

---

1) Bei der von Mordechai Kimchi weiter oben vollzogenen Weigerung, sich mit dem Fall zu befassen, ging die Scheidungsforderung ja vom Ehemann aus, nicht aber von dessen Frau!

2) Es ist nicht klar, ob der Respondent seine Beweisführung auf die Frau oder den Mann (oder auf beide) bezieht. Im ersten Fall wäre zum Ausdruck gebracht, dass die Frau auf das Recht des ehelichen Beischlafs verzichten darf, wenn sie dem entsprechenden Willen des Mannes nachkommen möchte. Im zweiten Fall wäre zum Ausdruck gebracht, dass der Mann, der die Möglichkeiten des rabbinischen Rechts zur Lösung seines Gelübdes nicht ausnützen will, dies auch nicht tun muss.

nach (nur) für die Ehe mit einer Unfruchtbaren und mit einer Frau, die mit ihm zehn Jahre zugebracht hat, ohne zu gebären.[1] Doch eine solche Verpflichtung besteht hier gar nicht! Denn nachdem[2] er eine gebärfähige Frau besitzt, ist er doch (vom Himmel) für würdig befunden worden, von ihr Kinder zu bekommen.[3] Sie will ja bei ihm bleiben nach Art und Weise der (ehe-)tauglichen Töchter Israels, die der Gewalt ihrer Ehegatten unterstehen. Er aber hat sich den Schaden selbst zugefügt, wenn er nach eigener Aussage den ehelichen Beischlaf mit ihr für eine lange Zeit suspendierte. Entsprechend seiner Absicht verbot er sie sich kraft Gelübdes, weil er von der Furcht befallen war, dass ihn seine Natur vielleicht dazu zwingen würde, seiner Absicht zuwider zu handeln.[4] Man darf ihn also unter dem Aspekt der Missachtung des Fortpflanzungsgebotes nicht zur Vornahme der Scheidung verpflichten;[5] denn er könnte ja

---

1) Zum letzteren Fall vergl. b Ketubbot 77a. Er ist mit dem direkt zuvor erwähnten Fall der Unfruchtbaren halachisch nicht identisch. Es gilt dabei folgendes: Eine Scheidung, bei der die Nichterfüllung des Fortpflanzungsgebotes das Motiv bildet, muss erst nach zehn Ehejahren vorgenommen werden, gleichgültig bei welchem Partner die biologischen Gründe vorliegen.

2) Mit dem Hrsg. ist vor YŠ ein Š zu ergänzen. Bei dem vorher übersetzten Satz ist ihm ebenfalls zu folgen, wenn er WHWʾ auf die Scheidungsverpflichtung deutet.

3) LBNWT ist ein synkopierter und defektiv geschriebener Infinitiv Nifʿal. Ich bin mir hier nicht ganz sicher, ob der Hrsg. den Satz richtig verstanden hat. Siehe seine Anmerkung zur Stelle.

4) Der Satz ist nicht ganz klar. Gemeint ist doch wohl, dass der Betreffende nur aufgrund eines Gelübdes sich stark genug fühlte, seine geschlechtliche Abstinenz durchzuhalten.

5) Sofern seine gesunde Frau die Scheidung nicht will.

von ihr Nachkommenschaft erhalten. Ist es nicht auch so: Wenn wir bei einer Frau bezüglich ihrer Gebärfähigkeit Zweifel hegen, so ist doch, falls sie mit ihrem Mann zehn Jahre weniger einen Tag zugebracht hat,[1] folgendes sehr plausibel und als Prinzip einsichtig, das keiner Begründung bedarf:[2] Wenn er auf eine Handelsreise gegangen ist oder ein anderer Grund vorgelegen hat - sei es auf seiner, sei es auf ihrer Seite[3] - dass er oder sie etwa krank gewesen ist, oder wenn noch andere Gründe vorgelegen haben, die ihn daran hindern, mit ihr zusammen jenen Tag voll zu machen, der von der limitierten Zeitspanne abgeht, so ermächtigt man ihn selbst dann nicht zur Scheidung, wenn er vor den jüdischen Gerichtshof tritt und das Kollegium um die Erlaubnis ersucht, sich von ihr scheiden zu lassen.[4] Erst recht darf man ihn nicht aufgrund (der Verletzung) des Fortpflanzungsgebotes zur Scheidung zwingen. Denn DAS GANZE NORMENGEFÜGE DER WEISEN IST SO STRUKTURIERT (b Ketubbot 104a)."
Ferner fragte er,[5] ob man ihr kein Gehör schenken solle, WENN SIE SAGE: ICH WILL MIT IHM UNTER ZEUGEN ZUSAMMENLEBEN (b Ketubbot 77b).[6] (Darauf antwortete ich, dass) auch dieses Problem unter die Kategorie des Fortpflanzungsge-

---

1) Statt ʾM Lʾ ŠŠHTH ist mit dem Hrsg. ganz sicher ʾM ŠHTH zu lesen.
2) ʾMTH hat hier in philosophisch angenähertem Sprachgebrauch die Bedeutung "Axiom".
3) Mit einer Variante ist BYN MMNH hinzuzufügen.
4) Das heisst: Bei der auf der vorigen Seite erwähnten Zehnjahresspanne müssen bestimmte Ausfallzeiten berücksichtigt werden. Zeitabschnitte, in denen kraft äusserer Umstände die eheliche Beiwohnung gar nicht möglich war, verlängern die Zehnjahresfrist entsprechend. Vergl. hierzu schon b Jebamot 64a.
5) Der nichtjüdische hohe Beamte.
6) Die darauf achten sollen, dass es zwischen den Eheleuten zu keinen Intimitäten mehr kommt.

botes falle und bereits geklärt sei, dass die Diskussion dieses Problems nicht hierher gehöre.[1]
Ferner fragte er, (wie in dem Fall zu verfahren sei,) wenn sie oder ihre Verwandten zu ihm sprächen, er solle eine andere Frau heiraten, ohne seine erste zu verstossen, und er zur Antwort gebe, dass er sie sich nicht (als Ehefrau) erhalten wolle, weil sie ihm ja (kraft des Gelübdes) verboten sei. (Darauf gab ich zur Antwort), dass die Beibehaltung der Ehefrau der Gebotserfüllung diene und es eine Sünde sei, sie (gleichsam) ohne Mann dasitzen zu lassen. Das Verbot (kraft Gelübdes) sei eine Sache, die von kompetenten Personen aufgelöst werden könne. Er müsse nur (einen Gelehrten) konsultieren; dann könne das Verbot aufgelöst werden. Was seine Aussage betreffe, dass er auch keine zusätzliche Frau neben der anderen heiraten wolle, so liege in solch einer Willenserklärung überhaupt kein Sinn.[2]
Ferner fragte er, ob es irgendeine Verordnung und eine

1) Mordechai Kimchi gab dem Beamten zu verstehen, dass er den halachischen Kontext der von ihm angeführten Frage verkenne. In b Ketubbot 77b geht es in der Tat um eine Ehe, die zehn Jahre lang kinderlos geblieben ist. Wenn die Frau dann spricht, sie wolle mit ihrem Mann (in Zukunft) unter Zeugen zusammen leben, die darauf achten sollen, dass sie und er nicht mehr miteinander intim werden, so soll man nach dem Talmud sich darüber hinwegsetzen und die Scheidung dennoch durchführen. Der Grund dafür ist, dass bei Fortbestehen der ehelichen Verbindung eine andere, gebärfähige Frau möglicherweise nicht bereit ist, als Zweitfrau in die Ehe zu treten.

2) Und zwar aufgrund der Takkana von Rabbenu Gerschom aus Mainz, der zu Anfang des 11.Jahrhunderts die Monogamie für verbindlich erklärt und die traditionelle Halacha abrogiert hatte, die in der Tat einem Mann bis zu vier Ehefrauen gleichzeitig erlaubte.

vorbeugende Schutzbestimmung in der Scheidebriefangelegenheit gebe: ob nämlich die Rechtskraft jener Verordnungen und Schutzbestimmungen sich auf den anhängigen Fall erstrecke, zu dem er Fragen stelle. (Ich antwortete ihm,) dass die Verordnungen in der Tat für diesen und für gleichkommende Fälle geschaffen worden seien, wonach nämlich kein Mann sich von seiner Frau (ausser mit ihrem Einverständnis)[1] scheiden lassen könne.[2] Denn er solle nicht kraft einer schwachen oder brüchigen Behauptung daherkommen, so dass zu jedermann gesagt werden müsse:[3] "Er ist ein Narr, der sich völlig sinnlos hat scheiden lassen." Denn wenn die Verordnungen nicht (auch) für diesen Fall geschaffen worden wären, WÜRDE MAN UNSEREM VATER ABRAHAM KEINE (einzige) TOCHTER HINTERLASSEN, DIE BEI IHREM MANN VERBLEIBEN KÖNNTE (b Gittin 89a u.a.),* wenn er eine hübschere Frau ausfindig mache als sie und sie[4] den Folgen seines (Enthaltsamkeits-)Gelübdes aussetze. WÄRE ES SO,[5] WAS NÜTZTEN DANN DIE WEISEN MIT IHRER VERORDNUNG (b Ketubbot 10a),* die sie erliessen, wonach kein Mann sich von seiner Frau ohne ihr Einverständnis und ohne das Einverständnis ihrer Verwandten und ohne das Einverständnis von sieben Notablen der Stadt(-Gemeinde) scheiden lassen könne? Die (betreffenden) Verordnungen seien seit langer

---

1) Mit dem Hrsg. ist ʾLʾ MDʿTH zu ergänzen.

2) Auch diese Verordnung geht im Prinzip auf Rabbenu Gerschom aus Mainz zurück und wird gleich weiter unten in erweiterter Form präsentiert. Vergl. aber S.98 Anmerkung 4.

3) WYʾMR ist eine Nifʿal-Konstruktion.

4) Die momentane Ehefrau.

5) Dass der Ehemann nach Ablegung eines speziell gegen seine Frau gerichteten Enthaltsamkeitsgelübdes, das er nicht lösen lässt, die Scheidung durch einseitige Willenserklärung beim zuständigen jüdischen Gerichtshof erzwingen könnte.

Zeit in diesen unseren Regionen verbreitet; und die bedeutendsten Persönlichkeiten der (jeweiligen) Generationen hätten ihre Gültigkeit (ständig) erneuert. Überdies seien sie vor kurzer Zeit von dem Berg[1] Moses (ha-)Nasi[2] für die 27 Gemeinden in diesen unseren Regionen in ihrer Gültigkeit erneuert worden - gemäss der Nachricht, die wir jetzt vor kurzem von bedeutenden Persönlichkeiten erhalten hätten, auf die Verlass sei.[3]
Ferner fragte er, was das Recht vorschreibe, wenn die Verwandten der jungen Frau sie aufgrund dessen (aus dem Haus ihres Mannes) entfernen und sie irgendwohin bringen würden. (Ich antwortete,) dass dies meiner Meinung nach eine ungebührliche Frage sei. Wenn nämlich die Verwandten die Frau AUS SORGE UM ETWAS (Jos.22,24)* entfernten, dass sich der Ehemann nämlich nicht um den schützenden Zaun der Verordnungen kümmern und sich gegen ihren Willen von ihr scheiden lassen würde, und wenn auch sie von dieser Furcht besessen sei - wer könne ihrem Herzen da die Furcht entziehen?[4] Welche Rechtsansprüche könne ein Mensch gegen sie und ihre Verwandten diesbezüglich noch geltend machen? Dies ist es, was man mir vom Himmel her geoffenbart hat-

---

1) (H)HR dürfte hier eine Art Ehrenbezeichnung darstellen. Die vom Hrsg. vorgeschlagene Deutung als Kürzel HH"R ist möglich, aber nicht zwingend.

2) Trotz eines Hinweises des Hrsg. konnte ich diese vermutlich narbonensische Autorität nicht näher identifizieren.

3) Man kann den letzten Satzteil: ŠHM KDʾY LSMWK ʿLYHM auch auf die Verordnungen beziehen, so dass sich die Übersetzung ergibt: "dass sie es verdienten, sich auf sie zu stützen."

4) Statt YŠLM ist doch wohl YŠLH zu lesen. Die Verwandten haben die Frau zu sich genommen und offenbar an einen unbekannten Ort verbracht, um dem unter allen Umständen zur Scheidung entschlossenen Ehemann die Vornahme des Rechtsgeschäftes zu erschweren.

te, auf diese fordernden Fragen zu antworten, und wozu dabei meine eigene Ansicht neigte. An sich wollte ich mich aus dieser Sache heraushalten; denn meiner Meinung nach darf kein redlicher Mensch auf diese fordernden Fragen antworten, wenn von beiden Parteien (noch) kein jüdisches Schiedsgericht (zur Streitschlichtung) gewählt wurde. Aber nachdem ich dem grossen Zwang ausgesetzt worden war, von dem ich oben erzählt habe, dem mich der Herr[1] ausgesetzt hatte, und nachdem er mir unter (Androhung?) einer erheblichen Geldstrafe befohlen hatte, (Auskunft zu erteilen,) und ich mich dem nicht entziehen konnte, da gab ich eben Antwort. Dies ist es, was ich zur Antwort gab. Ich wählte dabei den verkürzten, beweislosen Weg, damit wir(!) nicht erneut zur Zielscheibe jedes Narren werden, der die Pfeile seiner Narrheit gegen uns abschiessen möchte. Der Herr, der ein bedeutender Mann ist, weiss, was ich damit meine.[2] Du, mein Herr, bist mein vertrauter Freund. Die Erkenntnis JEGLICHEN GEHEIMNISSES BEREITET DIR KEINE MÜHE (Dan.4,6). Offenbare mir, was du darüber denkst! Deine Wohlfahrt und das Heil (aus) deiner Lehre mögen gedeihen - so wie du es möchtest und wie es jener möchte, der sich am Tor deiner Lippen[3] das Ohr perforieren lässt.[4]

---

1) Der nichtjüdische Beamte ist gemeint.

2) Der Sinn dieser Bemerkung ist in der Tat dunkel. Ebenso ist nicht klar, ob der nachfolgend in der zweiten Person Singular angeredete Empfänger des Responsums schon hier gemeint ist oder eine dritte Person.

3) Statt BKL ŠKTYK ist die Variante BDL ŚFTYK, eine Anspielung auf Ps.141,3, zu bevorzugen.*

4) Wenn ein jüdischer Sklave für immer bei seinem Herrn bleiben möchte, lässt er sich nach Ex.21,6 an der Tür der Gerichtsstätte von seinem Herrn mit einem Pfriem sein Ohr durchbohren und wird ihm damit auf Dauer dienstbar.* Entsprechend steht auch Mordechai Kimchi den Lehrentscheidungen des Angesprochenen gegenüber.

Vor dem Angesicht deiner Hoheit verbeugt sich aus der Ferne[1] Mordechai, der Sohn von Herrn Isaak. DER GERECHTE SOLL DURCH SEINEN GLAUBEN LEBEN (Habakkuk 2,4).[2]

---

1) Der Punkt hinter MMRḤQ ist doch wohl besser zu streichen.

2) Es ist im übrigen auch nicht klar, ob der Schlussabschnitt des Textes Teil des von Mordechai Kimchi zitierten Responsums ist oder das Proömium wieder aufnimmt. Text in: TŠWBWT ḤKMY PRWBYNṢYʾ, a.a.O., S.215ff § 63.

Folgendes Recht gilt für die Abgabe einer vorsorglichen Protesterklärung gemäss dem hochgeehrten Meister, dem Herrn und Meister Mordechai, dem Sohn des Meisters Herrn Isaak Kimchi, der im Paradiese ruhen möge:
Es ist eine ganz klare Sache, dass bei der Abgabe einer vorsorglichen Protesterklärung gegen einen (anzufertigenden) Scheidebrief oder gegen eine (bevorstehende) Schenkung die Kenntnis der Begründung nicht benötigt wird, warum der Betreffende die Protesterklärung abgibt.[1] Die Bekundung, dass er den Scheidebrief nicht aus freiem Willen[2] aushändigt, genügt, selbst wenn er gar keiner Nötigung ausgesetzt ist. Es verhält sich so, wie wir es im Abschnitt ḤZQT HBTYM sagen: UM WESSEN VORSORGLICHE PROTESTERKLÄRUNG GEHT ES DABEI? WENN ES UM (JEMANDES SCHEIDEBRIEF ODER)[3] UM JEMANDES SCHENKUNG GEHT, SO BESTEHT SIE DOCH NUR AUS EINER BLOSSEN KUNDGEBUNG (b Baba Batra 40b).[4] Und obwohl man in den Scheidebrief schreibt:[5] ICH WILL ES AUS EIGENEM WILLEN, OHNE UNTER EINER NÖTIGUNG ZU STEHEN,

---

1) Es geht dabei um den Ehemann bezw. um den Schenker.
2) Im aramäischen Text ist hinter R<WT ganz sicher ein NFŠYH ausgefallen.
3) Mit dem Textus receptus des Talmuds ist ein DGYṬ' W vor DMTNH zu ergänzen. Siehe schon den Hrsg. zur Stelle.
4) Wer eine von seiner Seite aus bevorstehende Schenkung oder Scheidung vorweg für ungültig deklarieren will, erklärt vor Zeugen, dass er den Rechtsakt gegen seinen Willen vornehmen wird. Die Zeugen sind in solchen Fällen nicht gehalten, dem Wahrheitsgehalt der Behauptung des Betreffenden, dass er unter Zwang stehe, nachzugehen. Seine blosse Aussage, dass es so sei, reicht aus, um den bevorstehenden Rechtsakt zu invalidieren.
5) Die Negationspartikel L' vor KTBY' ist unter allen Umständen zu streichen. Der nachfolgend zitierte aramäische Satz ist nämlich für den Text eines Scheidebriefes absolut obligatorisch.

nützt das in dem Fall nichts,[1] wo er eine vorsorgliche Protesterklärung abgegeben hat - sofern er diese nicht annulliert.[2] So ist es auch am Ende des Abschnitts ʿLY MŠQLY usw. ersichtlich; denn dort vergleichen wir Scheidebriefe mit Opfern.[3] Wie es dort bei den Opfern unmöglich ist, Nötigung gegen seine Halsstarrigkeit im Hinblick auf die Darbringung seiner Opfer auszuüben, weil MAN SOLANGE ZWANG AUF IHN AUSÜBT, BIS DASS ER SPRICHT: ICH WILL (sie darbringen) (M ʿArachin V,6),[4] so verhält es sich auch bei den Scheidebriefen: Obwohl für die Abgabe der vorsorglichen Protesterklärung überhaupt kein Grund vorlag, reicht es nicht, wenn er sagt: "Ich will (die Scheidung)."[5] Denn

---

1) Um dem Scheidebrief Gültigkeit zu verleihen.

2) Vor der Fertigstellung des Scheidebriefes bezw. vor dessen Aushändigung an die Frau.

3) Es geht um M ʿArachin V,6: Wer zur Darbringung von Ganz- oder Friedensopfern verpflichtet ist und sie nicht darbringt, den kann die Tempelverwaltung durch Pfändung zur Ausführung seiner Pflichten zwingen. Da ein zwangsweise dargebrachtes Opfer keine Sühne bewirkt, zwingt man dem Betreffenden durch die Pfändung (oder bei hartnäckigem Widerstand durch weitere Massnahmen) eine Erklärung ab, dass er das Opfer darbringen wolle. Alsdann fährt der Mischnatext fort: UND SO SAGT MAN JA AUCH BEI SCHEIDEBRIEFEN FÜR FRAUEN: MAN ÜBT SOLANGE ZWANG AUF IHN AUS, BIS DASS ER SPRICHT: ICH WILL ES. Das Verständnis dieser Mischnapassage wird vom Respondenten im folgenden näher erläutert.

4) Das heisst: Man nötigt ihn nicht, gegen seinen erklärten Willen die geschuldeten Opfer darzubringen, sondern übt Druck auf ihn aus, bis er eine Erklärung abgibt, dass er sie freiwillig darbringe.

5) Weil die vorausgegangene Protesterklärung massgeblich ist, wonach er den Rechtsakt entgegen seinem ausdrücklichen Willen vornimmt. Darum zwingt man ihn nicht einfach so zur Vornahme dieses Rechtsaktes.

so steht es dort in der Gemara: WENN ES SICH SO VERHÄLT, WAS BESAGT DANN DIE FORMULIERUNG: BIS DASS ER SPRICHT? NUN, BIS DASS ER SEINE VORSORGLICHE PROTESTERKLÄRUNG ANNULLIERT (b ʿArachin 21b).[1] Daraus sollst du folgendes entnehmen: Gibt jemand gegen den (von seiner Seite ausgehenden) Scheidebrief eine vorsorgliche Protesterklärung ab, obwohl er überhaupt keinen (echten) Grund für die Protesterklärung vorzuweisen hat und auf ihn überhaupt keine Nötigung ausgeübt wird, sondern er nur von seinem bösen Trieb geleitet wird - so bedarf es selbst bei solch einer Ausgangslage einer Annullierung (dieser Protesterklärung).[2] Folglich ist klar, dass diese Aussage: MAN ÜBT SOLANGE ZWANG AUF IHN AUS, BIS DASS ER SPRICHT: ICH WILL ES (M ʿArachin V,6), von dem Fall handelt, wo er eine vorsorgliche Protesterklärung abgegeben hat, und wo man solange Zwang auf ihn ausübt, bis dass er die vorsorgliche Protesterklärung annulliert. Obwohl wir nun den Bezug hergestellt haben, dass diese Formulierung: MAN ÜBT ZWANG AUF IHN AUS besagt, dass man ihn zur Annullierung der vorsorglichen Protesterklärung zwingt, artikulieren wir im Abschnitt ḤZQT HBTYM dennoch einen Einwand gegen jene ʿArachinstelle: WARUM? DU MUSST ZUGEBEN: EINE GESCHIEDENE usw..[3] Der Text bringt dann folgende harmonisie-

---

1) Der Talmud wird hier in einer kürzeren und auch inhaltlich etwas anderen Fassung zitiert als der Textus receptus.
2) Erfolgt die Nichtigkeitserklärung seitens des Ehemanns nicht oder nicht rechtzeitig, wird die Frau mit der Aushändigung des Scheidebriefes nicht geschieden.
3) Der Text ist so, wie er hier eingeleitet wird, im Traktat Baba Batra nirgendwo belegt. Entgegen dem Hrsg. muss hier keine ungenaue Zitierweise vorliegen; vielmehr kann hier auch eine Besonderheit der provençalisch - jüdischen Talmudtextüberlieferung zutage treten.

rende Erklärung: (DORT[1] ABER LIEGT VIELLEICHT EIN ANDERER SACHVERHALT VOR,) WEIL ES EIN GEBOT IST, DEN WORTEN DER WEISEN ZU GEHORCHEN (b Baba Batra 48a). Daraus lässt sich also dies entnehmen: Obwohl der Betreffende zu jenen Ehemännern gehört, die man zur Vornahme der Scheidung zwingt, wäre der Scheidebrief selbst bei Annullierung der vorsorglichen Protesterklärung nichtig, wenn die Scheidung keine solche wäre, wo es ein Gebot ist, den Worten der Weisen zu gehorchen.[2] Daraus sollst du folgendes schliessen: Wenn jemand, den das Recht zur Scheidung nicht zwingt, eine vorsorgliche Protesterklärung abgegeben hat und gezwungen wird, die vorsorgliche Protesterklärung zu annullieren, so ist der Scheidebrief nichtig.[3] Bei all dem, was der Meister Moses Maimonides am Ende von Kap.2 geschrieben hat:[4] dass bei einem vom jüdischen Gerichtshof irrtümlich zur Scheidung genötigten Mann der Scheidebrief mit Mängeln behaftet sei, er ihn aber nicht als nichtig be-

---

1) In dem direkt zuvor zitierten, hier nicht extra wiedergegebenen Satz aus M ʿArachin V,6, der sich auf S.141 Anmerkung 3 übersetzt findet.

2) Die Bestimmung von M ʿArachin V,6 in der vom Respondenten erklärten Bedeutung bezieht sich nur auf ganz bestimmte Ehen, die nach jüdischem Recht zwingend geschieden werden müssen. Nur dort darf auch die Annullierung der vorsorglichen Protesterklärung erzwungen werden, indem man den Ehemann zu einer entsprechenden Willenskundgebung nötigt.

3) Das heisst weiterhin: Wer zur Scheidung nicht verpflichtet ist und die Rücknahme von vorsorglichen Protesterklärungen gegen den Scheidebrief verweigert, den soll man nicht dazu zwingen. Allerdings wird dann der Scheidebrief nicht vom Gericht ausgefertigt bezw. bei schon erfolgter Ausfertigung dem Mann nicht zur Übergabe an die Frau ausgehändigt.

4) Mischne Tora, Hilchot Geruschin Kap.2 § 20.

schrieben hat - da scheint mir folgendes gegeben zu sein: Jene Stelle behandelt den Fall, wo er keine vorsorgliche Protesterklärung gegen den Scheidebrief abgegeben hat, wohl aber zur Scheidung genötigt wird. Doch jene Problemdiskussion im Abschnitt HMGRŠ verläuft insgesamt in diese Richtung.[1] In dem Fall aber, wo der Ehemann eine vorsorgliche Protesterklärung abgegeben hat und man ihn nötigt, diese zu annullieren, ist ganz augenscheinlich der Scheidebrief wahrhaftig null und nichtig.[2] Das ist auch die Ansicht des Meisters Chananel; denn er schreibt: WENN EINER SEINEM NÄCHSTEN FURCHT EINFLÖSST,[3] DASS ER IHM EINEN VERMÖGENSSCHADEN ZUFÜGEN WERDE, IHN MIT SCHLÄGEN TRAKTIEREN WERDE,[4] UND ERST RECHT, WENN ER IHM MIT EINEM MORD DROHT,[5] UND WENN DER ANDERE DANN EINE VORSORGLICHE PROTESTERKLÄRUNG ABGIBT, SO MÜSSEN DIE ZEUGEN BEI DER NIEDERSCHRIFT KLAR ANGEBEN: 'WIR WISSEN ÜBER DIE ART DIESER NÖTIGUNG BESCHEID.'[6] SO LAUTET JA AUCH DIE HALACHA, DASS

---

1) Es geht um eine Feststellung in b Gittin 88b, dass ein Scheidebrief, dessen Übergabe von einem jüdischen Gerichtshof ohne ausreichende Gründe erzwungen wird (und zu dem der Ehemann keine vorsorgliche Protesterklärung abgegeben hat), die Frau nicht zur Neuheirat freigibt.

2) Sofern es um eine Scheidung geht, zu deren Vornahme er von Rechts wegen eigentlich nicht gezwungen werden darf.

3) Statt MFSYD ist mit einer Variante auf jeden Fall MFḤYD zu lesen. Die nachfolgend angedrohten Übel sollen den Betreffenden zur Vornahme des ausstehenden Rechtsaktes zwingen.

4) Statt HNʾH ist mit einer Variante HKʾH zu lesen.

5) Statt HNʾT ist mit einer Variante HKʾT zu lesen.

6) Die Protesterklärung wird in einem sogenannten Schetar Modaʿa von Zeugen beurkundet. Es geht bei Chananel Ben Chuschiel mit Blick auf S.140 Anmerkung 4 zunächst einmal natürlich nicht um eine Scheidung.

WIR IM FALLE EINER NÖTIGUNG, DIE AUS IHM SELBST HERAUS KOMMT,[1] KEINE NIEDERSCHRIFT DARÜBER ANFERTIGEN. WOHL ABER FERTIGEN WIR EINE NIEDERSCHRIFT AN, WENN EINE (externe) NÖTIGUNG IM HINBLICK AUF DIE KÖRPERLICHE UNVERSEHRTHEIT ODER IM HINBLICK AUF VERMÖGENSWERTE AUSGEÜBT WIRD, SOFERN WIR VON IHR KENNTNIS HABEN. UND WENN ES SICH FÜR DIE ZEUGEN KLAR HERAUSGESTELLT HAT, DASS ER JENE VORSORGLICHE PROTESTERKLÄRUNG (von sich aus) ANNULLIERT HAT, DANN SCHREIBEN WIR: 'DER UND DER HAT JENE VORSORGLICHE PROTESTERKLÄRUNG ANNULLIERT, WONACH ER AUS DEM UND DEM GRUND OPFER EINER NÖTIGUNG WAR. WIR SIND ZEUGEN, DASS ER SICH MIT IHM[2] BEZÜGLICH JENER NÖTIGUNG KRAFT DER UND DER VEREINBARUNG VERGLICHEN HAT UND DASS ER DIE VORSORGLICHE PROTESTERKLÄRUNG AUS EIGENEM, FREIEM WILLEN ANNULLIERT HAT.' IN EINEM FALL WIE DIESEM DÜRFEN SIE[3] DIE ANNULLIERUNG DER VORSORGLICHEN PROTESTERKLÄRUNG ZUR NIEDERSCHRIFT BRINGEN. ÜBERALL ABER, WO ER (auch) DABEI EINER NÖTIGUNG AUSGESETZT IST, IST DIE ANNULLIERUNG NICHTS WERT. DENN WIE WIR (bei der Aufsetzung der vorsorglichen Protesterklärung) VON DER NÖTIGUNG KENNTNIS HABEN MÜSSEN, SO MÜSSEN WIR AUCH WISSEN, WIE DER MANN[4] IHM GEGENÜBER AUF DIE AUSÜBUNG DERSELBEN VERZICHTET HAT. DENN WENN[5] ER GENÖTIGT WIRD, JENE VORSORGLICHE PROTESTERKLÄRUNG[6] ZU ANNULLIEREN UND ÜBER DIE AN-

---

1) Der Begriff ʾWNSʾ DNFŠYH stammt aus b Baba Batra 47b. Raschi bezw. sein Enkel Samuel Ben Meir verbindet ihn mit Verkaufsgeschäften. Aufgrund einer Nötigung, die aus ihm selbst heraus kommt, handelt ein Mensch, der in Geldnöten steckt und deswegen etwas verkauft. Rechtlich gesehen gilt solch ein Verkauf als Handlung, die aus eigener freier Entscheidung erfolgt.*
2) Mit dem Erpresser.
3) Statt LYH ist doch wohl eher LHW zu lesen, weil ja die Zeugen gemeint sind.
4) Der Erpresser.
5) Mit einer Variante ist statt HʾY ein DʾY zu lesen.
6) Statt DYDʿʾ ist mit einer Variante MWDʿH zu lesen.

NULLIERUNG DER VORSORGLICHEN PROTESTERKLÄRUNG EINE URKUNDE AUSZUSTELLEN, NÜTZT DIESE ÜBERHAUPT NICHTS, WEIL SIE[1] JA (ebenfalls) GANZ UND GAR EIN ERGEBNIS VON NÖTIGUNG DARSTELLT. (Es verhält sich hiermit ähnlich wie an folgender Talmudstelle:) WENN ER[2] ES NICHT EINGESTANDEN HÄTTE,[3] SO HÄTTE DER ANDERE[4] IHN UND SEINEN ESEL DEM NICHTJÜDISCHEN FRONVOGT ZUGELIEFERT (b Baba Batra 47a).* SELBST EIN KINJAN WÜRDE HIER NICHTS NÜTZEN,[5] ES SEI DENN DASS IN DER (Annullierungs-)URKUNDE FOLGENDER SATZ GESCHRIEBEN STÜNDE: 'ER HAT VON SEINER NÖTIGUNG KRAFT DIESES UND JENES VORGANGS ABGELASSEN.'[6] UNSER MEISTER HAI (Gaon) HAT IM (SEFER) MIKKACH U-MIMKAR FOLGENDES GESCHRIEBEN:[7] 'NIMM ZUR KENNTNIS, WIE DIE VORSORGLICHE PROTESTERKLÄRUNG ANNULLIERT WERDEN KANN! ER[8] KANN ZUM BEISPIEL DIE KAUFURKUNDE EIN ZWEITES MAL NEU AUSSTELLEN UND DABEI AUF ALLE

---

1) Die Annullierungsurkunde.
2) Der Beraubte.
3) Dass er dem Räuber den nachfolgend genannten Esel zum Geschenk gemacht oder verkauft habe.
4) Der Räuber.
5) Selbst wenn die unter Zwang zustandegekommene Rücknahmeerklärung zwischen Erpresser und Erpresstem in einer symbolischen Form besiegelt würde, die ein Rechtsgeschäft absolut gültig und unwiderrufbar macht, ist die Annullierung ungültig. Zum Rechtsinstitut des Kinjan siehe Näheres auf S.160 Anmerkung 2.
6) Statt MSLQY ist die Variante DSLQYH zu bevorzugen.
7) Hai Gaon hat seine Abhandlung über den An- und Verkauf in Arabisch verfasst. Was nunmehr folgt, ist eine mittelalterliche hebräische Übersetzung aus Kap.31 dieses Werkes. Das kurze Zitat ist ganz sicher Bestandteil des Talmudkommentars Chananels, der in dem hier zitierten Ausschnitt sich ausführlich zum Problem der Nötigung und der vorsorglichen Protesterklärung äussert.
8) Der Genötigte bezw. Erpresste.

(Rückgabe-)ANSPRÜCHE VERZICHTEN.'[1] DAS ABER GEHT NUR BEI (VER)KAUF(S)GESCHÄFTEN. DOCH BEI SCHEIDEBRIEFEN IST EINE VORSORGLICHE PROTESTERKLÄRUNG SELBST DANN GÜLTIG, WENN ER ERKLÄRT, DIE NÖTIGUNG KOMME AUS IHM SELBST HERAUS. UND WENN ER KLAR UND DEUTLICH DIE VORSORGLICHE PROTESTERKLÄRUNG BEZÜGLICH DER AUS IHM SELBST KOMMENDEN NÖTIGUNG ANNULLIERT ODER WENN MAN IHN AUCH ZWINGT, DIE VORSORGLICHE PROTESTERKLÄRUNG[2] ZU ANNULLIEREN, UNTER EINER NÖTIGUNG ZU STEHEN, DIE AUS IHM SELBST HERAUS KOMME, SO WIRD SIE DANN AUCH NULL UND NICHTIG. GEHT ES ABER UM EINE NÖTIGUNG VON FREMDER SEITE, DIE BESTIMMBAR IST, SO NÜTZT KEINE ANNULLIERUNG (der vorsorglichen Protesterklärung) - ES SEI DENN DASS (in der Annullierungsurkunde) GESCHRIEBEN STEHT: 'WIR WISSEN ÜBER DIE NÖTIGUNG BESCHEID UND WISSEN AUCH ÜBER IHRE AUFHEBUNG BESCHEID.' FOLGLICH STELLT JENER VORGANG, DASS MAN IN DIE (VER)KAUF(S)URKUNDE SELBST[3] DIE ANNULLIERUNG DER VORSORGLICHEN PROTESTERKLÄRUNG HINEINSCHREIBT, EINE SICHERUNG DER (dort) BEURKUNDETEN RECHTE (gegen zukünftige Anfechtungen) DAR.[4] WENN ABER KEINE BESTIMMBARE NÖTIGUNG VORLIEGT,[5] KANN KEINE VORSORGLICHE PROTESTERKLÄRUNG AUFGESETZT WERDEN. IST SIE BESTIMMBAR, NUTZT EINE EINFACH SO VORGENOMMENE ANNULLIERUNG (einer vorausgegangenen Protesterklärung) NICHTS - ES SEI DENN, DASS DIE VORSORGLICHE PROTESTERKLÄRUNG UND DIE AUFHEBUNG

---

1) Ein solches Dokument ersetzt dann eine die vorsorgliche Protesterklärung widerrufende Annullierungsurkunde. Unklar ist, wo das Zitat aus Hai Gaons Schrift endet. Auch die Konsultierung des zitierten Werkes selbst hilft diesbezüglich zu keiner sicheren Entscheidung.

2) Nach LBṬWLY ist doch wohl ein MWD‹H oder MWD‹T zu ergänzen. Es geht um den halachisch zulässigen Zwang.

3) Statt LŠṬRʾ ist die Variante BŠṬRʾ zu bevorzugen.

4) Im aramäischen Text taucht der berühmte Terminus ŠWFRʾ DŠṬRʾ auf.

5) Bei An- und Verkaufsgeschäften.

DER NÖTIGUNG GENAU ANGEGEBEN WERDEN. Soweit das Zitat.[1] Und so ist auch die Meinung des Meisters Moses Maimonides einleuchtend - gemäss dem, was er in Kap.10 seiner Hilchot Mechira geschrieben hat.[2] Erst recht müssen wir dann bei einem Scheidebrief in Anbetracht des Verbotes, das Bastardentum zu mehren, sagen, dass der Scheidebrief nichtig ist.[3] Obwohl der Meister (Moses Maimonides) seligen Andenkens zwischen einer (einfachen) vorsorglichen Protesterklärung und einer erweiterten vorsorglichen Protesterklärung unterscheidet,[4] teilt der Meister möglicherweise selbst bei einem Scheidebrief, wozu der Ehemann keine erweiterte vorsorgliche Protesterklärung abgegeben hat, die Meinung, dass die Annullierung (der einfachen vorsorglichen Protesterklärung) nichts nützt, so wie wir es geschrieben haben.[5] Man muss ja zwischen einem Verkaufsakt und einem Scheidebrief unterscheiden. Wenn der Betroffene bei einem Verkauf nämlich Geld annimmt, dürfen wir sa-

---

1) Die umfangreiche Passage aus dem Talmudkommentar Chananel Ben Chuschiels, vermutlich zu b Baba Batra 48a-b, wird auch noch bei anderen mittelalterlichen Autoritäten mit zum Teil erheblichen Varianten zitiert, die der Hrsg. umfassend berücksichtigt hat.
2) KW' ist mit dem Hrsg. zu streichen. Zur Sache siehe Mischne Tora, Hilchot Mechira Kap.10 § 1ff.
3) Zu den Rechtsfolgen für eine mit ungültigem Scheidebrief geschiedene Frau siehe schon S.107 Anmerkung 2.
4) Die erweiterte vorsorgliche Protesterklärung, hebräisch MWD'H DMWD'H, enthält neben dem Protest selbst die Erklärung, dass auch jede in Zukunft erfolgende Annullierung der (einfachen) vorsorglichen Protesterklärung unter Nötigung erfolgt und somit nichtig ist. Vergl. hierzu Mischne Tora, Hilchot Geruschin Kap.6 § 19.
5) Sie nützt nichts, wenn auch bei ihr Nötigung im Spiel ist.

gen, dass er die vorsorgliche Protesterklärung (rechtskräftig) annulliert hat,[1] sofern dort keine erweiterte vorsorgliche Protesterklärung abgegeben worden war.[2] Aber beim Scheidebrief kann man nicht so reden, auch wenn nur eine einfache vorsorgliche Protesterklärung abgegeben wurde. Wo nämlich die Annullierung unter Nötigung erfolgt und die Nötigung nicht beseitigt wurde, nützt die Annullierung wahrlich nichts.[3] Und wenn Maimonides in Kapitel 6 der Hilchot Geruschin schreibt, dass sogar bei einer erweiterten vorsorglichen Protesterklärung eine (formgerechte) Annullierung Rechtskraft haben kann,[4] so behandelt er doch den Fall, wo der Mann die vorsorgliche Protesterklärung abgab, ohne dass (wirklich) eine Nötigung oder irgendein sonstiger Grund vorlag, und wo er hernach die Scheidung ohne (äusseren) Zwang durchführt oder wo er dem (gesetzlich zulässigen) Zwang ausgesetzt wird, wenn er nämlich einer von den Ehemännern ist, die man zur Scheidung zwingen soll. Falls man nämlich nicht so spricht, sondern dem Meister Moses Maimonides die Meinung unterstellt, dass bei einem Scheidebrief selbst eine mehrfach erweiterte, infolge einer bestimmbaren Nötigung abgegebene vorsorgliche Protesterklärung annulliert werden könne, SO BEFÄNDE SICH DER ALTEINGESESSENE AUF DER ERDE UND DER FREMDLING IM

---

1) Wenn er eine einfache vorsorgliche Protesterklärung abgegeben hat, annulliert er diese nach Meinung Mordechai Kimchis durch die blosse Annahme des Kaufgeldes. Chananel Ben Chuschiel hätte solch eine Regelung wohl eher nicht akzeptiert.

2) Im letzteren Fall wird die Übereignung selbst dann noch anfechtbar, wenn der Betroffene die Zurücknahme der erweiterten vorsorglichen Protesterklärung vorweg als unter Nötigung erfolgend klassifiziert hat.

3) Eine Ausnahme bilden natürlich jene Fälle, in denen die Scheidung halachisch vorgeschrieben ist und wo das jüdische Gericht zu Druckmitteln greift.

4) Mischne Tora, Hilchot Geruschin Kap.6 § 20.

HÖCHSTEN HIMMEL (b Joma 47a u.a.).[1] Denn dann würden wir doch beim Verkaufsgeschäft, das ein geringeres Gewicht besitzt, eine Erschwerung vornehmen,[2] während wir beim Verbot, das Bastardentum zu mehren, Erleichterungen vornehmen würden![3]
Alles, was wir besprochen haben, gilt, wenn die Nötigung durch einen Juden ausgeübt wird. Um wieviel mehr aber ist dann der jeweilige Rechtsakt null und nichtig, wenn die Nötigung von Nichtjuden oder von Juden im Auftrag eines Nichtjuden ausgeübt wird.[4]

---

1) Gemeint ist: "Das wäre doch völlig paradox!"
2) Wer vor einem Verkauf eine erweiterte vorsorgliche Protesterklärung abgibt und deren eventuelle Annullierung als erzwungen und damit nichtig deklariert, macht das nachfolgende Verkaufsgeschäft in jedem Falle ungültig.
3) Wer als Ehemann sittenwidrig genötigt wird, sich von seiner Frau scheiden zu lassen, und gegen die Gültigkeit des Scheidebriefes vorsorglich in derselben Weise wie in Anmerkung 2 Verwahrung einlegt, würde seine Frau mit einem höchst anfechtbaren Scheidebrief scheiden, auch wenn er in Gegenwart des jüdischen Gerichtshofes eine Annullierungserklärung abgäbe.
4) Der letzte Absatz streift ganz kurz die Nötigungsproblematik bei gemischt - konfessionellen Rechtsgeschäften. Die Feststellung, dass von Nichtjuden zu Lasten eines jüdischen Vertragspartners erzwungene Rechtsgeschäfte nichtig sind, hat in Anbetracht der Tatsache, dass in der Diaspora das jüdische Recht gegenüber der nichtjüdischen Umwelt kaum durchsetzbar ist, nur theoretische Bedeutung. Vielleicht aber soll ein betroffener Jude mit dieser Feststellung ermuntert werden, die nichtjüdische Justiz bei einer derartigen Nötigung anzurufen, sofern die örtlichen Verhältnisse Aussicht auf Erfolg im Rechtsstreit bieten.
Text in: TŠWBWT ḤKMY PRWBYNṢY', a.a.O., S.237ff § 68.

Ein Responsum des Meisters, unseres Meisters, der Leuchte Israels, meines Ahnherrn, des Herrn Mordechai, des Sohnes von Herrn Isaak, zu diesem Sachproblem.[1]
Eine Frau, die da sagt: ER IST MIR ABSOLUT ZUWIDER (b Ketubbot 63b) - was schreibt bei ihr das Recht in Sachen Scheidung vor?[2]
Nach unserer Meinung, der so auch unsere Lehrer zustimmen, die im Paradiese ruhen mögen, gilt für die Praxis folgende, aus den wesentlichen Aussagen der Gemara abzuleitende Halacha: Die Frau, die so redet, setzt man nicht unter Zwang,[3] um sie zum Verbleiben bei ihrem Ehemann zu bewegen[4] - so wie wir es bei der Frau tun, die da sagt: ICH MAG IHN UND WILL IHN (durch meine Verweigerung bloss) QUÄLEN (b Ketubbot 63b). Wie sieht der Zwang (im zweiten Fall) aus? Nun, dass er sich von ihr nicht scheiden lässt, bis die Zeit erfüllt ist, die ihr die Weisen nach unserer Mischna, so wie sie ist, und nach der Baraita[5] und nach der Gemara, so wie sie sind, hierfür gegeben ha-

---

1) Das schon in den Responsen anderer Autoritäten vor unserem Text abgehandelt wird und im anschliessenden Satz spezifiziert wird.

2) Unklar bleibt, ob hier ein konkreter Fall aus dem täglichen Leben zugrundeliegt oder ob die Fragesteller eine allgemeine Auskunft zu einem halachischen Problem einholen wollten, das natürlich immer wieder aktuell werden konnte. Es geht um die Frage, wie eine Frau zu behandeln ist, die die Fortsetzung der Ehe, insbesondere die Ausübung des Beischlafs, als eine für sie unzumutbare Belastung darstellt, weil sie vor ihrem Mann einen unüberwindlichen Ekel empfindet.

3) Statt LYH ist in Anlehnung an den hier paraphrasierten Talmudtext aus b Ketubbot 63b ein LH zu lesen.

4) Sie kann, sofern der Ehemann zustimmt, ihre Scheidung sofort bekommen.

5) Es dürfte die Tosefta gemeint sein.

ben, damit sie vielleicht während dieser Zeit anderen Sinnes wird.[1] Doch bei einer Frau, die da sagt: ER IST MIR ABSOLUT ZUWIDER (b Ketubbot 63b) und gegen die Ehe in ihrem Wesensgehalt revoltiert, verlangt man vom Ehemann diesbezüglich nichts. Vielmehr verliert sie ihre Ketubba-Ansprüche und alles, was er ihr (im Verlauf der Ehe) an Schenkungsgut schriftlich übereignet hat; und wenn er es will, kann er sich sofort von ihr scheiden lassen. So lautet der Text der Gemara, zu dem es keine Variantenlesart gibt: WENN SIE ABER SPRICHT: ER IST MIR ABSOLUT ZUWIDER, ÜBEN WIR KEINERLEI ZWANG AUF SIE AUS (b Ketubbot 63b).[2]

---

1) Nach M Ketubbot V,7 kann der Mann seiner Ehefrau, die sich ihm verweigert, (um ihn zu ärgern), Woche für Woche einen bestimmten Betrag von ihrer Ketubba abziehen, bis die Summe aufgebraucht ist und er sich dann ohne Auszahlung der Ketubba von ihr scheiden lassen darf. Nach Tosefta Ketubbot V,7 wurde diese Regelung durch eine andere ersetzt, wonach die widerspenstige Ehefrau vier Wochen hintereinander vom zuständigen jüdischen Gerichtshof ermahnt werden sollte, ihre Verweigerungshaltung aufzugeben. Bei Beibehaltung ihrer Verweigerungshaltung nach Ablauf der Frist sollte sie ihre Ketubba-Ansprüche mit einem Schlag verlieren und konnte dann ebenfalls entschädigungslos geschieden werden. Der babylonische Talmud ersetzte in b Ketubbot 63b die mischnische Regelung durch eine mit der Tosefta - Verordnung fast identische Prozedur, an die sich freilich nach b Ketubbot 64a noch eine zwölfmonatige Wartefrist anschliessen sollte, die in der jüdischen Rechtsentwicklung des Mittelalters vielfach für verbindlich erklärt wurde. Sowohl die mischnische als auch die talmudische Prozedur galten als gleichberechtigte Alternativen und wurden zum Teil auch noch kombiniert.

2) Anders als bei der Sachlage in Anmerkung 1 kann sie hier den Ehemann sofort verlassen, falls dieser in die Scheidung einwilligt.

Die Rechtslage, die sich aus ihr[1] ergibt, ist so, wie wir es gesagt haben. **WENN DIR ABER JEMAND FOLGENDES BESCHWÖREND ZUFLÜSTERT** (b Berachot 7b): "Falls eine Frau sagt: **ER IST MIR ABSOLUT ZUWIDER** (b Ketubbot 63b), zwinge man den Ehemann, sich von ihr scheiden zu lassen", und wenn er damit nur aufgrund einer Meinung oder der Ansicht eines einzelnen daherkommt,[2] **SO SOLLST DU IHM NICHT WILLFAHREN NOCH AUF IHN HÖREN** (Deuter.13,9). Derartiges soll in der Judenheit nicht vorkommen;[3] denn man hat doch gesagt, dass anfangs drei Arten von Frauen hätten geschieden werden müssen, aber ihre Ketubba ausgezahlt bekamen. **SPÄTER REVIDIERTE MAN DIESE REGELUNG UND SAGTE, DAMIT DIE FRAU IHRE AUGEN NICHT AUF EINEN ANDEREN MANN WERFE UND IHREM MANN KEINERLEI VERDERBEN ZUFÜGE: DIE DA SPRICHT: ICH BIN FÜR DICH UNREIN,[4] MUSS VIELMEHR EINEN BEWEIS FÜR IHRE WORTE ERBRINGEN. (WENN SIE SAGT:) DER HIMMEL STEHT ZWISCHEN MIR UND DIR,[5] SOLL MAN BITTENDERWEISE VERFAHREN.[6] (WENN SIE SAGT:) ICH MÖGE VON DEN JUDEN HINWEGGENOMMEN WERDEN,[7] SOLL ER DEN IHN BETREFFENDEN TEIL DES GELÜBDES AUFHEBEN,[8]**

---

1) Aus der Gemara.

2) Das richtet sich – unter anderm – gegen Maimonides, Mischne Tora, Hilchot Ischut Kap.14 § 8, der dort eine entsprechende Ansicht vertritt.

3) Dass der Ehemann im Falle der besagten Erklärung seiner Frau zur Scheidung gezwungen werden soll.

4) Aufgrund von Untreue oder auch nur einer Vergewaltigung, sofern der Ehemann priesterlicher Abkunft ist.

5) Wenn sie ihrem Ehemann also Impotenz unterstellt.

6) Man soll entweder den Mann bitten, sich scheiden zu lassen, oder die Frau bitten, die Behauptung nicht mehr vorzubringen und zur Fortsetzung der Ehe bereit zu sein.

7) Wenn sie das Gelübde ablegt, mit keinem Juden unter Einschluss ihres Ehemanns Geschlechtsverkehr auszuüben.

8) Wozu er als Ehemann grundsätzlich berechtigt ist.

UND SIE SOLL DEN EHELICHEN VERKEHR MIT IHM AUSÜBEN, DEN (ANDEREN) JUDEN ABER ENTZOGEN SEIN (M NEDARIM XI,12).[1] Wenn nun der Frau, die da sagt: ICH BIN UNREIN, und die sich damit als ausgesprochen frech präsentiert, kein Glaube geschenkt wird,[2] gilt doch erst recht bei dieser Frau folgendes: Da sie sich zwar nicht als frech präsentiert, eigentlich aber nahe daran ist, dieses Argument vorzubringen,[3] ohne dass sie jemand daran hindern könnte, müssen wir um so mehr die Sorge hegen, dass sie ihre Augen vielleicht auf einen anderen Mann geworfen hat.[4] Wenn man hier aufrichtig verfahren will, darf man zwischen den (beiden) Fällen nicht im geringsten trennen. Ferner haben die Weisen gesagt, dass jemand, dessen Hand oder Fuss abgehackt worden ist, nicht zur Scheidung (von seiner Frau) gezwungen werden darf,[5] obwohl er für sie wegen dieses

---

1) Zum ganzen Text vergl. schon S.55f oben.
2) Der Ehemann muss sich auf ihre Aussage hin nicht von ihr scheiden lassen. Er darf bei nichtvorhandenen sonstigen Indizien annehmen, dass seine Frau jemand anderen ehelichen möchte und ihre Untreue nur vortäuscht, um von ihm loszukommen und anschliessend ihren Favoriten zu heiraten.
3) Die Unreinheitsbehauptung ist gemeint.
4) Da aber schon in der Mischna bei solch einer Vermutung der Mann nicht zur Scheidung von seiner Frau verpflichtet ist, kann er auch im Fall des Talmuds bezw. des Responsums nicht zur Scheidung gezwungen werden. Wenn nämlich die Frau erklärt, dass sie ihren Mann absolut nicht ertragen könne, darf man ja genauso mutmassen, dass sie ihre Aussage bloss macht, weil sie an einem anderen Mann Gefallen gefunden hat. Der Ehemann kann sich auf diese ihre Aussage hin scheiden lassen, darf aber nicht dazu gezwungen werden.
5) Vergl. die Diskussion in b Ketubbot 77a (und nicht 78a, wie vom Hrsg. irrtümlich angegeben).

Leibesfehlers absolut zuwider sein kann. Und dort kann man (zugunsten der Frau) die begründete Vermutung geltend machen, dass er ihr möglicherweise (wirklich) absolut zuwider ist.[1] Ebenso hat man von einer Schwägerin gesagt, die zu Lebzeiten ihres Gatten ein Gelübde zu dem Zweck ablegt, sich ihren Schwager für die Leviratsehe verboten zu machen, dass man den Schwager für den Fall, dass sie ihm (für die Leviratsehe) zufällt, um die Erteilung der Chalitza bittet, ihn aber nicht dazu zwingt.[2] Das gilt, obwohl die Frau deswegen, weil ihr der Schwager absolut zuwider ist, ein ganz spezifiziertes Gelübde abgelegt hat, dass sie keinen Genuss an ihm haben wolle. Ferner hat man gesagt, dass eine Frau sich nie von sich aus scheiden lassen kann.[3] Wäre es rechtens, dass man den Mann zur Scheidung zwänge, wenn sie mit diesem Argument daherkommt,[4] so hätte sie ja diese Möglichkeit. Denn dann könnte jede Frau, die an ihrem Mann keine Freude hat,[5] sagen: ER IST

---

1) Selbst bei dieser begründeten Vermutung darf man den Ehemann nicht zur Scheidung zwingen. Es liegt an ihm, ob er dem Wunsch seiner Frau willfahren möchte oder nicht.

2) Siehe M Jebamot XIII,13. Der Hintergrund der Prozedur ist folgender: Wenn eine Ehe kinderlos bleibt und der Mann stirbt, soll - sofern vorhanden - ein Bruder des Verstorbenen die Witwe ehelichen. In Form einer symbolischen Zeremonie, der sogenannten Chalitza, kann der Schwager die Witwe von der Pflicht, mit ihm die Ehe einzugehen, aber befreien. Ob er die Chalitza erteilen will oder nicht, ist prinzipiell in sein Belieben gestellt, es sei denn, dass die Halacha die Erteilung derselben zwingend vorschreibt.

3) Vergl. b Ketubbot 59b.

4) Mit der Behauptung, ihr Mann sei ihr absolut zuwider.

5) RʾH mit B ist hier durchaus nach biblischem Sprachgebrauch verwendet.

MIR ABSOLUT ZUWIDER (b Ketubbot 63b) und würde sich dann rechtmässig scheiden lassen. Doch[1] (selbst) überall dort, wo man von Rechts wegen (eine Scheidung) erzwingt, lese ich, dass sie von der Gegenpartei durchgeführt werden muss,[2] so wie es aus der grundlegenden Aussage an der betreffenden Stelle zu beweisen ist.[3] Diese Angelegenheit ist klar: Es besteht kein Zweifel darüber, dass man deswegen[4] (den Ehemann) nicht zur Scheidung zwingt. Bei allen Lehrsätzen,[5] die mit jenen Fällen zu tun haben, wo man eine Scheidung erzwingt - seien sie in unserer Mischna,[6] seien sie in der Gemara[7] - wird dieser Fall nicht registriert. Das ergibt sich aus ihnen impliziterweise. Dem haben auch alle Gelehrten in allen diesen Gegenden und alle grossen Persönlichkeiten der französischen Juden zugestimmt. Obwohl ihre Meinungen über einzelne Bestimmungen aus diesen Halachot (im Lauf der Zeit) gewechselt haben, rüttelt doch niemand von ihnen an diesem ganz fundamentalen Prinzip. Schon unser Meister Jakob (Tam)[8] hat in einem Responsum geschrieben,[9] dass jeder, der die Worte unseres Meisters Al-Fasi[10] in einem anderen Sinn deute, ihn zu einem Irrenden und Mehrer des Bastardentums in der

---

1) KY hat hier - wieder nach biblischem Sprachgebrauch - Adversativfunktion.
2) Also durch den Ehemann, den die Frau auf Vornahme der Scheidung verklagt bezw. den der jüdische Gerichtshof dazu zwingen will.
3) Es dürfte b Ketubbot 77a gemeint sein.
4) Wegen der Aussage der Frau, dass ihr Mann ihr absolut zuwider sei.
5) Oder: "Bedingungen"; aramäisch TNWYY.
6) Vergl. M Ketubbot VII,10.
7) Siehe Anmerkung 3.
8) Zu seiner Person siehe schon S.16 Anmerkung 5.
9) Die nachfolgend zitierten Ausführungen sind auch aus anderer Quelle bekannt. Siehe den Hrsg. zur Stelle.
10) Gemeint sind seine Halachot zu b Ketubbot 63b - 64a.*

Judenheit mache. Obwohl man unserem Meister Al-Fasi die Vertretung eines anderen Prinzips zugeschrieben habe,[1] seien da doch Dinge gesagt worden, die nicht auf dem Recht der Halacha basierten.[2] Wahrlich, so wie es unser Meister Jakob (Tam) ausführt, lehre auch ich: Wenn man den Mann zwingt, sich von ihr kraft dieses Argumentes scheiden zu lassen, und sie heiratet danach einen anderen, dann sind die Kinder (aus der neuen Verbindung) untauglich (zur Ehe mit jüdischen Gemeindemitgliedern).[3] WER BEI EINER LEHRENTSCHEIDUNG (derart) DREIST IST (M Pirke Abot IV,7),* das Recht an einer klaren Stelle und eine weit verbreitete Halacha umzustürzen, um das Bastardentum in der Judenheit zu vermehren, der muss die Verantwortung dafür auf sich nehmen. Wir aber sind frei von Schuld.
So spricht der Unterzeichner: Mordechai, der Sohn von Herrn Isaak. Möge sein Fels[4] und sein Erlöser ihn behüten.[5]

---

1) Hinter ʾLFSY ist mit dem Hrsg. vielleicht ein KTBW zu ergänzen. Die nicht genannten Autoritäten haben Isaak Al-Fasi die Aussage unterstellt, dass ein Mann zur Scheidung verpflichtet sei, wenn die Frau die Erklärung abgebe, er sei ihr absolut zuwider und die Fortsetzung der Ehe für sie unzumutbar.
2) Und die damit Al-Fasi in ein völlig falsches Licht rücken!
3) Weil die vorausgegangene Scheidung rechtswidrigerweise erzwungen und damit nichtig war. Zur Rechtsstellung der Bastarde vergl. schon S.107 Anmerkung 2.
4) Gottesbezeichnung.
5) Text in: TŠWBWT ḤKMY PRWBYNṢYʾ, a.a.O., S.281f § 75.

Es geschah durch einen jungen Mann in der Stadt Narbonne, dass er sich seine Frau mit einem Ring antraute, der auf seine Anweisung hin aus Silber angefertigt und mit Gold überzogen worden war. Er hatte dies mit Vorbedacht getan und seinen Namenszug mitten in den Ring gesetzt.[1] Als die Angelegenheit bekannt wurde, kamen die Verwandten (der Frau) zu einem der Gelehrten der (jüdischen) Stadt(-Gemeinde).[2] Mit ihm begaben sie sich zu einer Deputation von Gelehrten der (jüdischen) Stadt(-Gemeinde). Unter ihnen befanden sich auch bedeutende Persönlichkeiten aus der Gelehrtenschaft des Berges.[3] Nach Meinung der Gelehrten vom Berge sollte man die Prozedur nicht wiederholen und kein weiteres Mal die Antrauung vollziehen. Denn der Mann habe ja zu ihr gesagt: "Sei mir mit diesem Ring angetraut!" Er habe aber nichts erklärend hinzugefügt, weder die Worte "aus Silber" noch die Worte "aus Gold". Sie habe sich selbst in die Irre geführt; UND NICHT AUSGESPROCHENE WORTE SEIEN RECHTLICH BELANGLOS (b Kidduschin 50a u.a.).[4] Es sei so, wie man

---

1) Die etwas ungewöhnliche Formulierung ḤTM BTWKH ist sachlich ganz klar: Der antrauungswillige Mann liess seinen Namen auf der Innenseite des Ringes eingravieren, möglicherweise sogar seine faksimilierte persönliche Unterschrift.

2) Die junge Frau hatte ja irrtümlich gemeint, als Antrauungsgegenstand einen Ring aus massivem Gold zu empfangen, und war in diesem Punkt vom Bräutigam getäuscht worden. Damit aber war die Antrauung möglicherweise von zweifelhafter Gültigkeit oder unter Umständen sogar ganz nichtig.

3) Bezeichnung der Stadt Montpellier; siehe schon den Hrsg. zur Stelle.

4) Da der Mann nicht behauptet habe, die Antrauung mit einem Ring aus massivem Gold vorzunehmen, sei trotz der entsprechenden stillschweigenden Annahme der Frau die Zeremonie nicht anfechtbar.

gesagt habe: ICH DACHTE, ER SEI EIN PRIESTER; DOCH ER IST BLOSS EIN LEVIT (Tosefta Kidduschin II,5).[1]* Aber die Gelehrten von Narbonne waren der Meinung, dass der Fall (in der Tosefta mit dem aktuellen Problem) nicht vergleichbar sei. Denn dort sei die Frau doch wirklich einer Selbsttäuschung erlegen; und nicht er sei der Betrüger. Denn er habe dort weder ein Merkmal noch ein Zeichen angefertigt oder vorgezeigt, damit sie dadurch in die Irre geführt würde. Hier jedoch habe er ihr etwas gezeigt, was wie Gold ausgesehen habe; und sie habe sich ihm deshalb (ja auch) ganz und gar übereignet. Ausserdem sei dies doch auch der Brauch, dass man die Antrauung mit einem Ring (ganz) aus Gold vollziehe. In Anbetracht des Erscheinungsbildes, das sich den Augen der Frau darbiete, verlasse sie sich (prinzipiell) darauf, dass es auch wirklich so sei.[2] Die Angelegenheit wurde einem Beschluss zugeführt und man verpflichtete (die Eheleute) auf eine Wiederholung der Antrauung. Ebenso entschieden sie mit mehrheitlicher Abstimmung, dass es unnötig sei, noch einmal eine andere Ketubba zu schreiben - obwohl sie unter einer irrigen Voraus-

---

1) Entgegen dem Hrsg. wird hier nicht aus b Kidduschin 50a zitiert. Die Antrauung, von der im Toseftatext geredet wird, ist gültig, weil die Frau unter einer stillschweigenden irrigen Annahme den Rechtsakt an sich vollziehen lässt und der Mann sich zu seinem Status bis zum vollzogenen Empfang des Antrauungsgeldes durch die Frau nicht äussert. Macht er hernach falsche Angaben, bleibt die Antrauung dennoch rechtskräftig.

2) Eine Frau weiss um den landesüblichen Brauch, dass Trauringe aus massivem Gold bestehen, und geht bei goldglänzender Oberfläche des Ringes selbstverständlich davon aus, dass der Materialgehalt dem allgemeinen Brauch entspricht. Damit aber ist sie im anhängigen Fall wirklich getäuscht worden.

setzung unterschrieben worden sei[1] - weil nämlich in Verbindung mit dem Dokument ein Kinjan vollzogen worden sei[2] und der (darin vorausgesetzte) Sachverhalt[3] sich letztlich ja doch bewahrheite. Doch ein Gelehrter, der in jener Deputation nicht präsent war, widersetzte sich jenen, die (dieser Regelung) zugestimmt hatten; und es wurde (von seiner Seite aus) eine andere Ketubba für die Frau als notwendig erklärt. So verfuhr er zusammen mit der vereinten Schar seiner Kollegen. Die Gegenpartei aber versammelte sich vor dem Nasi[4] und bewies, dass die spätere Ketubba auf fehlerhafte Weise erstellt und damit ungeeignet sei. Nachdem die Frau nämlich hochzeitlich heimgeführt worden und die erste Ketubba unterschrieben worden sei, könnte im Falle ihrer Verwitwung (d)er (zweite Ehemann) die Jungfräulichkeitsklage ja nicht mehr anstrengen, selbst wenn (in der ersten Ehe)

---

1) Die irrige Voraussetzung, unter der die Zeugen die Ketubba unterschrieben hatten, bestand in der Annahme, dass eine einwandfrei rechtsgültige Antrauung erfolgt sei.
2) Der Kinjan ist eine symbolische Zeremonie, bei der der Rezipient einer Ware, einer Vollmacht oder eines Versprechens dem Gewährer derselben einen Gegenstand überreicht, bei dessen Ergreifung sich der Letztgenannte definitiv zur Vornahme des betreffenden Rechtsgeschäftes verpflichtet. In der nachtalmudischen Zeit handeln oft die Zeugen der Übereinkunft anstelle des Rezipienten und vollziehen mit der anderen Partei diesen Kinjan. So verhält es sich auch bei der Ketubba, wo die Zeugen des Ehevertrages für die Frau die in dem Dokument spezifizierten Rechte vom Bräutigam unter Vollziehung eines Kinjan erwerben.
3) Der Sachverhalt einer rechtsgültigen Antrauung.
4) Also vor der oder vor einer leitenden Persönlichkeit der narbonensischen Judenschaft.

kein Beischlaf mit ihr vollzogen worden wäre,[1] wie der Meister Moses Maimonides geschrieben habe.[2] Sie könne (in der zweiten Ketubba) darum nur eine Mine bekommen.[3] Selbst wenn dieser Ehemann[4] sage: "Ich habe (mit ihr) keinen Beischlaf vollzogen",[5] sei seine Bemerkung belanglos.[6] Denn wenn er sie entjungfert vorfinde, könne er die Jungfräulichkeitsklage nicht (mehr) anstrengen. Nachdem die Frau nämlich vernommen habe, dass die erste Antrauung hinfällig sei, habe sie ja möglicherweise aus freiem Willen Hurerei getrieben.[7] Oder wenn ein Zeu-

---

1) Hierzu vergleiche schon S.44 Anmerkung 3.
2) Siehe Mischne Tora, Hilchot Ischut Kap.11 § 1f.
3) Das heisst also, dass jene, die den Mann auf die Ausstellung einer neuen Ketubba verpflichtet hatten, in dem Dokument die Standardsumme für eine erstverheiratete Jungfrau in Höhe von zwei (talmudischen) Minen bezw. 200 (talmudischen) Sus eintragen liessen. Die Gegenpartei, die die erste Ketubba für völlig ausreichend erklärt hatte, wies den Nasi darauf hin, dass in Anbetracht der hochzeitlichen Heimführung der Frau eine zweite Ketubba - wenn man sie schon ausstelle - beim Standardbetrag nur die Summe für Nichtjungfrauen enthalten dürfe. Dabei sei es völlig gleichgültig, ob die Frau noch Jungfrau sei oder nicht. Die zweite Ketubba, die die angeblich rechtsungültige erste ersetzen solle, sei in der vorliegenden Fassung in jedem Falle selber rechtsungültig.
4) Der Ehemann im Ausgangsfall des Responsums ist gemeint.
5) In der Zeit von der Ausstellung der ersten bis zur Ausstellung der zweiten Ketubba.
6) Wenn er nach Ausstellung der zweiten Ketubba mit ihr den Beischlaf vollzieht und erklärt, sie dabei als Nichtjungfrau vorgefunden zu haben.
7) So dass sie nach Ausstellung der zweiten Ketubba entjungfert vorgefunden wird.

ge aussage, dass eine Frau mit ihrem Mann nicht intim zusammen gewesen sei, sie dann Witwe werde und (neu) heirate, könne dieser (zweite Mann) doch keine Jungfräulichkeitsklage mehr anstrengen.[1] Bezüglich dieses ganzen Vorgangs wurde unser Lehrer, der gelehrte Meister Herr Mordechai, befragt; und so lautete die Antwort darauf:[2]

---

1) Falls er beim ersten Beischlaf seine Frau trotz einer gegenteiligen Versicherung (ihrerseits und) eines Zeugen dennoch als Nichtjungfrau vorfindet. Siehe hierzu auch S.44 oben.
2) Die Antwort ist nicht erhalten geblieben. Da trotz der Annahme des Hrsg. auf S.XXIV seiner Einleitung die Identität des hier genannten Meisters Mordechai mit Mordechai Kimchi mir nicht vollkommen gesichert erscheint, habe ich den Fall in der vorgelegten Übersetzung an das Ende der eherechtlichen Entscheidungen gestellt. Text in: TŠWBWT ḤKMY PRWBYNṢY’, a.a.O., S.95f § 25.

Zuerst möchte ich eine Anfrage wegen zweier Gelehrter stellen, die sich in Sachen Halacha gegenseitig zu übertrumpfen versuch(t)en.[1] Der eine führte ein Bibelstudium durch; der andere tat es auch. Der eine studierte das mündliche Gesetz; der andere tat es auch. Der eine pflegte viel Umgang mit Gelehrten; der andere tat es auch.[2] Infolge ihrer Streiterei geriet der eine über seinen Kollegen in Zorn und nannte ihn einen Verrückten, einen Schurken, einen ungebildeten Rohling und einen halsstarrigen Sünder. Da antwortete der andere auf seine Worte: "Wenn ich ein ungebildeter Rohling sein soll, bin ich es doch nicht deswegen, weil ich nach Rom gegangen bin, oder deswegen, weil ich von jenseits des Meeres herübergezogen bin."[3] Diesbezüglich frage ich nun folgendes: Selbst wenn der erste bedeutender sein sollte als sein Kollege - müssen wir dann dennoch den, der die Antwort gab, nach dem Recht verurteilen, das für jenen gilt, der einem Gelehrten Verachtung bekundet? Ist auf ihn die Rechtsbestimmung anzuwenden, die für Verachtung von Gesetzeslehrern gilt?[4] Noch etwas anderes (sei gefragt): Selbst wenn wir ihn nach dem Recht verurteilen müssten, das für jenen gilt, der einem Gelehrten Verachtung bekundet, (haben wir fol-

---

1) Anspielung auf b Baba Metziʿa 59b.*

2) Die drei letzten Sätze verarbeiten b Berachot 47b.*

3) Der Gescholtene weist auf seine grosse Auslandserfahrung und seine im Ausland erworbene Bildung hin, die er gegenüber dem Angreifer voraus hat. Der letzte Teilsatz: ʾW BŠBYL ŠʿBRTY MʿBR LYM ist tückisch. Er kann nämlich auch so übersetzt werden: "...oder deswegen, weil ich (durch die Gegend) jenseits des Meeres gereist bin." Vergl. hierzu die Verwendung von MʿBR LYM in Deuter.30,13.*

4) Die Frage lautet, ob der Betreffende in den Bann getan werden soll, wobei diese Sanktion in unterschiedlichen Graden verhängt wurde.

gendes Problem:) Nachdem er[1] sagt, dass er bereit sei, den anderen mit einer Entschuldigung zu besänftigen, wie sie sich nach Auffassung der Gelehrten im Lande gezieme - kann dann noch irgendein anderer Gelehrter ihn mit dem Bann für das belegen, was dem Betroffenen zuvor an Widerspenstigkeit in Form der Schmähung und Verachtung eines Gesetzeslehrers zuteil wurde? Und wenn nun der andere, auf dem der Bann liegt, auf jenen Bann[2] mit den Worten: "Ganz im Gegenteil" antwortet, gilt dann der vom Betreffenden verhängte Bann oder nicht?[3] Denn sein Opponent[4] ist vom selben Rang wie er.[5] Ferner muss ich dies anfragen: Wenn nun wiederum ein anderer Gelehrter daherkommt und sagt, dass dieser, der seinem Opponenten mit "Ganz im Gegenteil" geantwortet hat, gebannt sein soll, und zwar deswegen, weil er sich ungezogen benahm[6] und dem Gelehrten, der den Bann über ihn verhängte, seine Verachtung bekundete, indem er

---

1) Der Gescholtene und aufgrund seiner Gegenwehr vom Bann Bedrohte.

2) Hinter HNDWY hat der Hrsg. HHWʾ vergessen.

3) Hinter ʾW dürfte im Text der vom Hrsg. hier korrekt wiedergegebenen Handschrift ein Lʾ weggefallen sein.

4) Gegen den Hrsg. ist statt HḤYLWQ eher ein HḤLWQ zu lesen. Gemeint ist der Opponent des Gebannten, der den Bann verhängt hat.

5) Die gesamte Formulierung ŠKNGDW HḤLWQ ʿLYW stellt einen Talmudismus dar. Vergl. b Ketubbot 54b u.a..*

6) In der Handschrift steht - vom Hrsg. genau wiedergegeben - HFQYD. Das aber ist eindeutig korrupt. Das Dalet am Ende muss zu Resch verbessert werden, so dass sich die Lesung HFQYR ergibt. Das Hifʿil von FQR bezw. PQR hat im spezifisch maimonideischen Sprachgebrauch, von dem Mordechai Kimchi bekanntlich stärkstens beeinflusst worden ist, die Bedeutung "frech/ungezogen/unverschämt sein". Vergl. etwa Mischne Tora, Hilchot Sanhedrin Kap.26 § 6.

sich ihm gegenüber erfrechte, die Worte "Ganz im Gegenteil" zu sprechen; und wenn er[1] einen Beschluss fasst, ihn ausspricht und deswegen[2] den Bann über ihn verhängt; und wenn auch der andere, nämlich sein Opponent, zu ihm "Ganz im Gegenteil" spricht[3] - da habe ich mit Blick auf all diese Vorgänge eine einzige Frage: Nach wohin neigt sich die Rechtslage?

Das ist die Antwort:[4] Obwohl sich diese Sachzusammenhänge als offenkundig und erkennbar für JEDEN LEHRER WIE SCHÜLER (1.Chr.25,8)* präsentieren, will ich mich dennoch schriftlich zu ihnen äussern, um den grossen Meister zufriedenzustellen.[5] Ich sage, dass diese beiden Gelehrten[6] um drei Aspekte nicht herumkommen - sei es, dass sie unter (allgemeiner) Zustimmung zu ihrer eigenen Definition als Gelehrte bezeichnet werden, oder sei es, dass beide diese Bezeichnung nur gemeinsam tragen, oder sei es, dass die Bezeichnung kraft (allgemeiner) Zustimmung für den einen wie für den andern gilt, auch wenn sie gemeinsam auftreten.[7] Was den ersten Aspekt angeht, so ist ganz klar, dass

---

1) Der neu Hinzugekommene.

2) Wegen des Verhaltens des Bescholtenen gegenüber seinem Opponenten.

3) Wenn also der Gelehrte, der den ersten Bann verhing, die Zurückweisung des Bannes durch den Bescholtenen selbst wieder zurückweist.

4) Hier unterbricht der gedruckte Text. Die weitere Übersetzung folgt der Handschrift.

5) Die Identität des angeredeten Fragestellers liegt im Dunklen.

6) Von denen ganz zu Anfang des Frageteils die Rede gewesen ist.

7) BŠYTWF ist vielleicht hier nur eine Dittographie. Im dritten Fall haben sich die beiden den Titel TALMID CHAKAM nicht selbst zugelegt wie im ersten Fall, sondern erhielten ihn von der Allgemeinheit verliehen.

der erste, der angefangen hat, derjenige ist, der bestraft werden müsste mit der Strafe, die für jenen gilt, der einem Gelehrten Verachtung bekundet - sofern das diesbezügliche Recht (auch) unter den Gelehrten (selber) gebräuchlich ist.[1] Das gilt selbst dann, wenn er gegenüber seinem Kollegen (an halachischer Kompetenz) etwas voraus hat. Zum zweiten Aspekt ist folgendes zu sagen: Auf keinen von ihnen kann die Strafe für jenen, der einem Gelehrten Verachtung bekundet, angewendet werden - es sei denn,dass es ein bestimmtes Gesetz für jenen gibt, der seinen Nächsten (grundlos) einen Schurken nennt.[2] Der dritte Aspekt zerfällt in zwei Teile. Wenn derjenige, der anfing, der Gelehrte ist,[3] so fällt sein Fehlverhalten nur unter das Gesetz, das für jenen gilt, der seinen Nächsten einen Schurken nennt. Ist aber der Antwortende der Gelehrte,[4] (so

---

1) YTNHG wird hier in einer Bedeutung verwendet, wie sie für NHG Ithpeʿel im Aramäischen belegt ist. Vergl. Targum zu Ruth 4,7.* Sollte zwischen YTNHG und DYNW ein KN HWʾ oder etwas Ähnliches ausgefallen sein, müsste man den Satzteil nach dem Gedankenstrich verselbständigen und anders übersetzen: "Wenn er sich derartig aufführt, sei dies sein Urteil unter den Gelehrten!" Die Stelle ʾM YTNHG DYNW BYN HḤKMYM ist in jedem Falle schwierig.
2) Beleidigungen zwischen gewöhnlichen Gemeindemitgliedern werden nach der traditionellen Halacha nicht geahndet. Gleichwohl steht es im Ermessen eines lokalen jüdischen Gerichtshofes, Sanktionen auf solch ein Verhalten zu verhängen. Erst wenn solch eine Sanktion besteht, können Beleidigungen unter (gleichgestellten) Gelehrten nach der Strafbestimmung für Gelehrtenbeleidigung geahndet werden, die ja an sich für die Beleidigung eines Gelehrten durch einen Ungelehrten gedacht ist.
3) Und wenn der Gescholtene kein Gelehrter ist.
4) Und derjenige, der den Streit vom Zaun gebrochen hat, kein Gelehrter.

gilt folgendes:) Selbst wenn er ihm mit Worten antwortet, in denen offenkundig Verachtung und Schmach enthalten ist, verfällt der erste der Strafe, die für jenen gilt, der einem Gelehrten Verachtung bekundet. (Das gilt,) nur weil einige von den Altvorderen so gesprochen haben: dass das Gesetz über den, der einem Gelehrten Verachtung bekundet, lediglich mit Bezugnahme auf den ungebildeten Rohling erlassen wurde, der einem Gelehrten Verachtung bekundet. Allerdings hat(te) ein (zuständiger) jüdischer Gerichtshof die Vollmacht, den Geringeren (für sein Fehlverhalten) gegenüber dem Bedeutenderen mit einer Strafe zu belegen - selbst wenn der Geringere ein Gelehrter ist - und zwar entsprechend der Würde des Bedeutenderen und entsprechend seiner ausserordentlichen Frömmigkeit.[1] Zuweilen hat der jüdische Gerichtshof aber auch keine diesbezügliche Vollmacht, wenn nämlich jener, der dem Gelehrten seine Geringschätzung bekundet, selbst eine ganz hervorragende Rangstellung einnimmt. (Das ist so,) wie man es gesagt hat: FERN SEI ES, DASS ‹AKABJA (BEN MAHALALEL) IN EINEN BANN GETAN WORDEN SEIN SOLL! (b Berachot 19a).[2]* Man hat dort nicht gesagt: "Fern sei es, (dass er in den Bann getan

---

1) HFLGH hat hier nicht die gemeinhin bekannte negative Bedeutung der Übertreibung.

2) ‹Akabja Ben Mahalalel, ein jüdischer Gesetzeslehrer des 1.Jrh. n.Chr., hatte sich vor den Weisen abfällig über zwei hochbedeutende Rabbinen geäussert, nämlich Schema‹ja und Abtalion. Daraufhin taten sie ihn in den Bann, unter dem er auch starb. Der Talmud fährt nun fort, dass diese Geschichte nicht stimmen könne. An Weisheit, Reinheit und Sündenscheu sei ‹Akabja Ben Mahalalel so herausragend unter seinen Zeitgenossen gewesen, dass er unmöglich hätte gebannt werden können. Vielmehr sei es ein anderer Gelehrter gewesen, über den aus völlig anderem Grund der Bann verhängt worden sei. Näheres an der angegebenen Talmudstelle.

worden sein soll), wo ʿAkabja doch gar nicht so geredet hat!" Sondern obwohl er so (über Schemaʿja und Abtalion) geredet hatte, wurde er trotzdem nicht in den Bann getan. Dies ist die Sachlage zwischen Gelehrten, je nach dem, als was sie dem jüdischen Gerichtshof erscheinen. Komm und sieh: SIEHE, RAV PAPPA SAGTE SAMUEL ETWAS SCHLECHTES NACH und wurde nicht gebannt. Aber es wurde ihm vom Himmel ein Zeichen gegeben, dass er etwas Unrechtes getan hatte: UND ES FIEL EIN ROHR VON DER DECKE UND ZERTRÜMMERTE IHM FAST SEINE HIRNSCHALE (b Berachot 19a).* Aber bei einem ungebildeten Rohling ist die Sache immer gewiss, dass er dem Bann verfällt.[1] In diesem Fall darf man keinen Unterschied zwischen einem Gelehrten machen, der um seiner Ehre willen den Bann verhängt, und einem jüdischen Gerichtshof, wo andere um seiner Ehre willen den Bann verhängen. Man darf nicht argumentieren, dass er (im ersten Fall) den Bann um seiner eigenen Ehre willen verhängt.[2] Wir müssen nämlich (vielmehr) zwischen dem Gelehrten und dem ungebildeten Rohling unterscheiden.[3] Denn man hat ja gesagt: EIN ANERKANNTER RABBINISCHER GELEHRTER DARF DAS RECHT FÜR SICH IM SELBSTHILFEVERFAHREN DURCHSETZEN (b Moʿed Katan 17a).*

---

1) Wenn er einen Gelehrten herabsetzend anredet (oder herabsetzende Nachreden über ihn führt). Der Klarheit halber sei gesagt, dass auch bei dem primitiven Verächter der Gelehrten die jüdische Religionszugehörigkeit vorausgesetzt wird. Von Auseinandersetzungen mit Nichtjuden redet der ganze Text nirgendwo.

2) Man darf nicht den Einwand machen, dass der Angegriffene aus verletzter Eitelkeit und in mangelnder Objektivität möglicherweise einen Bann verhängt, der völlig unangemessen ist. Der Selbstschutz des Gelehrten ist vielmehr absolut legitim.

3) Ob der erste zum zweiten oder der zweite zum ersten als erster eine herabsetzende Bemerkung macht, wird rechtlich gesehen verschieden gewertet.

Dazu ist folgende Erläuterung zu geben: Das Recht, das gemäss der Auffassung anderer ganz klar in seiner Anwendung definiert ist,[1] das darf er (im Selbsthilfeverfahren) zugunsten der eigenen Person anwenden. Somit darf zwischen ihnen keinerlei Trennung vorgenommen werden.[2] Folglich ist es jetzt so, dass die Rechtslage zwischen diesen beiden Gelehrten[3] sich ausschliesslich dem Sachverhalt zuneigt, dass da jemand seinen Nächsten mit Worten beschämt, und dass der eine den andern (einen Schurken) nennt,[4] wobei er dies grundlos tut. Aber bei der Beschämung ist ganz klar, dass derjenige, der mit dem Beschämen anfängt, die Schuld hat, obwohl er am Ende selbst (vom Angegriffenen) der Beschämung ausgesetzt wird. Es ist so, wie wir es im Jerusalemer Talmud sagen: RABBI SUTA[5] SPRACH: DIES BESAGT: DIE RECHTSLAGE IST DIE, DASS JEMAND, DER SEINEN NÄCHSTEN (ZUERST) VERLETZT, SICH SCHULDIG MACHT, OBWOHL ER (aus der Auseinandersetzung) SELBER GESCHÄDIGT HERVORGEHT (j Baba Kamma I,1).* Es ist nur so, dass wir bei einer Beschämung nicht als ihre Bevollmächtigten handeln, obwohl sie mit einem materiellen Schaden verbunden sein kann.[6] Auf jeden

---

1) Statt HQṢB muss HQṢWB gelesen werden.

2) Zwischen dem Bann, den ein Gelehrter zur Wahrung seiner eigenen Ehre verhängt, und dem Bann, den ein jüdischer Gerichtshof gegen einen Beleidiger zur Wahrung der Ehre des betreffenden Gelehrten verhängt.

3) Im Ausgangsfall des Anfrageteils.

4) Hinter WHQWRHW (sic!) dürfte ein RŠʿ weggefallen sein.

5) Im Textus receptus lautet der Name auf Rabbi Jose.

6) Die jüdischen Richter ausserhalb Palästinas sind nach innerjüdischer Rechtsanschauung theoretisch eigentlich nicht ermächtigt, anstelle der palästinensisch - jüdischen Autoritäten Beschämungsdelikte mit Geldstrafen zu ahnden, selbst wenn dem Opfer ein zivilrechtlich zu bewertender Nebenschaden, etwa in Gestalt eines besudelten Gewandes, entsteht. Vergl. b Baba Kamma 84b.*

Fall aber[1] ist die Sachlage ganz einfach, dass hier das Bannungsrecht (gegenüber dem Erstgescholtenen) überhaupt nicht angewendet werden kann. Das gilt sogar selbst dann, wenn jener, der (mit der Streiterei) angefangen hat, der Gelehrte ist, und der andere kein Gelehrter von seinem Rang ist, nachdem der erste begonnen hat, ihn wegen eines halachischen Problems zu schmähen und zu beschimpfen. Was die übrigen Dinge betrifft,[2] so hat der erwähnte grosse Meister ja deswegen schon meinen Sohn Isaak angerufen und ihn gedrängt, ihm über diese etwas zu schreiben. Mit dem, was er über sie geschrieben hat, ist es doch schon genug. Derjenige aber, der in sich genug hat,[3] möge zu unseren Bedrängnissen "Genug!" sagen. Er möge DEN GUTEN GUTES TUN UND DENEN, DIE AUFRECHTEN HERZENS SIND (Ps.125,4), so wie er[4] es (selber) begehrt und wie es der Schreiber (dieser Zeilen) begehrt, (nämlich) Mordechai, der Sohn des Herrn Isaak.[5]

---

1) Hier setzt der gedruckte Text wieder ein.
2) Diese Bemerkung bezieht sich auf die weitergehenden Anfragen im Eingangsteil.
3) Oder: "der sich selbst genügt", nämlich Gott. Die hebräischen Worte ʾŠR YŠ BW DY interpretieren in Anlehnung an Moses Maimonides, More Nevuchim Buch 1 Kap.63, die biblische Gottesbezeichnung Schaddai aus Gen.17,1 u.a..*
4) Gott.
5) Text bei I.Levi: Un recueil de consultations inédites de rabbins de la France méridionale, REJ 43, 1901, S. 254f. Die nicht edierten Partien wurden nach der Handschrift MS hebr. 1391, S.37b - 38a (118b - 119a) § 52 übersetzt. Dem Institut CATAB der Universität Lyon III sei an dieser Stelle für die Kopie aus dem mikroverfilmten Manuskript ganz herzlich gedankt.

INDEX LOCORUM

A) Bibelstellen

B) Klassisches rabbinisches Schrifttum

C) Mittelalterliche Quellen

Vorbemerkung: Die nachfolgend aufgeführten Autoritäten sind unter ihren Vornamen eingeordnet, nicht unter ihren Bei- oder Familiennamen. Ist das Werk des Betreffenden, zu dem der Hinweis erfolgt, sicher auszumachen, die genaue Stelle aber nicht, dann erscheint ein Fragezeichen. Ist nicht einmal das Werk des Betreffenden auszumachen, erscheinen drei Fragezeichen.

INDEX RERUM, NOMINUM ET PERSONARUM
(in Auswahl und ohne Vollständigkeit der Belegstellen)

LITERATURVERZEICHNIS

Vorbemerkung: Hebräische Titel sind nach der Konsonantenfolge ohne Rücksicht auf die Vokalisation eingeordnet. Darüber hinaus gilt das Prinzip von S.178, erster Satz. Die nachfolgende Liste enthält jene Quellen nicht, auf die Mordechai Kimchi respektive der Hrsg. zwar hingewiesen haben, die mir aber nicht gesondert zugänglich waren, sofern sie überhaupt im Druck vorliegen.

ABBA MARI BEN MOSES VON LUNEL: SFR MNḤT QN᾿WT, HRSG. VON M.BISLICHES, NACHDRUCK OHNE ORT, 1968

ABRAHAM IBN ESRA: PYRWŠY HTWRH LRBYNW ᾿BRHM ᾿BN ‹ZR᾿, HRSG. VON A.WEISER, JERUSALEM, 1976

– THE COMMENTARY OF IBN EZRA ON ISAIAH, HRSG. UND INS ENGLISCHE ÜBERSETZT VON M.FRIEDLAENDER, NACHDRUCK NEW YORK, OHNE JAHR

ACHA(I) VON SCHABCHA: Š᾿YLTWT DRB ᾿Ḥ᾿Y G᾿WN, HRSG. VON N.Z.J.BERLIN, NACHDRUCK JERUSALEM, 1961

DER BABYLONISCHE TALMUD MIT EINSCHLUSS DER VOLLSTAENDIGEN MIŠNAH, HRSG. UND ÜBERSETZT VON L.GOLDSCHMIDT, (DEN) HAAG, 1933-35

BARUCH BEN ISAAK VON WORMS: SFR HTRWMH, VENEDIG, 1522

BENEDIKT,B.Z.: MRKZ HTWRH BPRWB᾿NS – ᾿SWFT M᾿MRYM, JERUSALEM, 1985

THE BIBLE IN ARAMAIC BASED ON OLD MANUSCRIPTS AND PRINTED TEXTS, HRSG. VON A.SPERBER, LEIDEN, 1959-73

BIBLIA HEBRAICA, HRSG. VON R.KITTEL UND P.KAHLE, 12.AUFL., STUTTGART, 1961

BLUMENKRANZ,B.: AUTEURS JUIFS EN FRANCE MÉDIÉVALE – LEUR OEUVRE IMPRIMÉE, TOULOUSE, 1975

CALMANN,M.: THE CARRIÈRE OF CARPENTRAS, OXFORD, 1984

DAVID KIMCHI: JESAJAKOMMENTAR: S.U. MQR᾿WT GDWLWT

– HPYRWŠ HŠLM ‹L THLYM, HRSG. VON A.DAROM, 3.AUFL., JERUSALEM, 1974

– SFR HŠRŠYM, HRSG. VON J.H.R.BIESENTHAL UND F.LEBRECHT,

BERLIN, 1847
ELON,M.: HMŠPṬ H‹BRY - TWLDWTYW, MQWRWTYW, ‹QRWNWTYW, 3. AUFL., JERUSALEM, 1988
ENCYCLOPAEDIA JUDAICA, HRSG. VON C.ROTH UND G.WIGODER, JERUSALEM, 1971/72
GESENIUS/BUHL: HEBRÄISCHES UND ARAMÄISCHES HANDWÖRTERBUCH ÜBER DAS ALTE TESTAMENT, 17.AUFL., LEIPZIG, 1921
GOITEIN,S.D.: A MEDITERRANEAN SOCIETY - THE JEWISH COMMUNITIES OF THE ARAB WORLD AS PORTRAYED IN THE DOCUMENTS OF THE CAIRO GENIZA, BERKELEY/LOS ANGELES/LONDON, 1967-88
GROSS,H.: GALLIA JUDAICA - DICTIONNAIRE GÉOGRAPHIQUE DE LA FRANCE D'APRÈS LES SOURCES RABBINIQUES, 2.AUFL., HRSG. VON S.SCHWARZFUCHS, AMSTERDAM, 1969
HAI GAON: SFR HMQḤ WHMMKR, WIEN, 1800
ISAAK BEN JAKOB AL-FASI: HLKWT RB ʾLFS LRBNW YṢḤQ B"R Y‹QB ʾLFSY, HRSG. VON N.SACHS, JERUSALEM, 1969
JAKOB BEN MEIR TAM: SFR HYŠR LRBNW TM - ḤLQ HḤYDWŠYM, HRSG. VON S.S.SCHLESINGER, JERUSALEM, 1959
JASTROW,M.: A DICTIONARY OF THE TARGUMIM, THE TALMUD BABLI AND YERUSHALMI, AND THE MIDRASHIC LITERATURE, 2. AUFL., NEW YORK U.A., 1926
KASOWSKI,CH.J. UND M.: ʾWṢR LŠWN HMŠNH - SFR HMTʾYMWT - QWNQWRDNṢYH LŠŠH SDRY MŠNH, 2.AUFL., JERUSALEM, 1956-60
- CH.J. UND B.: ʾWṢR LŠWN HTLMWD - SFR HMTʾYMWT (QWNQWRDNṢYʾ) LTLMWD BBLY, JERUSALEM, 1954-82
- M.: ʾWṢR LŠWN TLMWD YRWŠLMY - QWNQWRDʾNṢYH LTLMWD YRWŠLMY, JERUSALEM, 1980FF
KENA‹ANI,J.: ʾWṢR HLŠWN H‹BRYT LTQWFWTYH HŠWNWT, JERUSALEM/TEL-AVIV, 1962-89
LEVI,I.: UN RECUEIL DE CONSULTATIONS INÉDITES DE RABBINS DE LA FRANCE MÉRIDIONALE, REJ 43, 1901, S.237FF
LEVY,J.: WÖRTERBUCH ÜBER DIE TALMUDIM UND MIDRASCHIM, 2. AUFL., BERLIN/WIEN, 1924
LISOWSKY,G.: KONKORDANZ ZUM HEBRÄISCHEN ALTEN TESTAMENT,

STUTTGART, 1958
MDRŠ MŠLY, HRSG. VON S.BUBER, NACHDRUCK JERUSALEM, 1965
MEIR HA-LEVI ABULAFIA: ḤYDWŠY HRM"H WŠYṬWT QDMWNYM ʿL MSKT GYṬYN..., HRSG. VON A.SCHOSCHANA, JERUSALEM, 1985
MISCHNAJOT - DIE SECHS ORDNUNGEN DER MISCHNA, HRSG. UND ÜBERSETZT VON A.SAMMTER UND ANDEREN, 3.AUFL., BASEL, 1986
MKYLTʾ DRBY YŠMʿʾL, HRSG. VON CH.S.HOROVITZ UND J.A.RABIN, 2.AUFL., JERUSALEM, 1970
MOSES BEN JAKOB VON COUCY: SFR MṢWT HGDWL, KAPUST, 1806/7
MOSES KIMCHI: S.U. MQRʾWT GDWLWT
MOSES MAIMONIDES: LE GUIDE DES ÉGARÉS - TRAITÉ DE THÉOLOGIE ET DE PHILOSOPHIE..., HRSG. UND INS FRANZÖSISCHE ÜBERSETZT VON S.MUNK, NACHDRUCK OSNABRÜCK, 1964
- MŠNH TWRH WHWʾ SFR HY"D HḤZQH, NACHDRUCK NEW YORK/BERLIN, 1926
MQRʾWT GDWLWT - TWRH WḤMŠ MGYLWT, NBYʾYM WKTWBYM, NACHDRUCK TEL-AVIV, 1970
MSKT ʾBWT DRBY NTN BŠTY NWSḤʾWT, HRSG. VON S.SCHECHTER, WIEN, 1887
RASCHI: AMOS- UND PROVERBIENKOMMENTAR: S.U. MQRʾWT GDWLWT
- PYRWŠ RŠ"Y ʿL ŠYR HŠYRYM, HRSG. VON J.ROSENTHAL, IN: SAMUEL K.MIRSKI JUBILEE VOLUME, NEW YORK, 1958, S.130FF
SAADJA GAON: VERSION ARABE D'ISAÏE, HRSG. UND INS FRANZÖSISCHE ÜBERSETZT VON J. UND H.DÉRENBOURG, NACHDRUCK HILDESHEIM/NEW YORK, 1979
SHATZMILLER,J.: VIOLENCE, CHANTAGE ET MARIAGE - ARLES 1387; PROVENCE HISTORIQUE 37, 1987, S.589FF
SOKOLOFF,M.: A DICTIONARY OF JEWISH PALESTINIAN ARAMAIC OF THE BYZANTINE PERIOD, RAMAT-GAN, 1990
TARGUME: S.U. THE BIBLE IN ARAMAIC
TLMWD BBLY ʿM PYRWŠ RŠ"Y WTWSFWT, NACHDRUCK WILNA, 1931
TLMWD YRWŠLMY ʾW TLMWD HMʿRB..., NACHDRUCK JERUSALEM, 1973
TŠWBWT ḤKMY PRWBYNṢYʾ, HRSG. VON A.SOFER, JERUSALEM, 1967

TWSFTʾ ʿL PY KTBY YD ʿRFWRṬ WWYNH, HRSG. VON M.S.ZUCKERMANDEL, 2.AUFL., HRSG. VON S.LIEBERMANN, JERUSALEM, 1975

ABKÜRZUNGSVERZEICHNIS UND LESEZEICHEN

b	=	Babylonischer Talmud
EJ	=	Encyclopaedia Judaica
j	=	Jerusalemer Talmud
M	=	Mischna
REJ	=	Revue des études juives
( )	=	Ergänzungen des Übersetzers
< >	=	Ergänzungen innerhalb von Ergänzungen
*	=	Vom Übersetzer stammende Stellenangaben

Als ethnische und religiöse Gemeinschaft, die seit rund zweieinhalb Jahrtausenden ihre Existenz und Identität in der Zerstreuung behaupten muß, weist das Judentum ein besonders vielfältiges und wechselhaftes Umweltverhältnis auf. Einerseits ist es ständig mehr oder minder der Einwirkung der jeweiligen Umwelt ausgesetzt, nimmt an deren Zivilisation, Sprache und Kultur Anteil, und prägt mit den so aufgenommenen Mitteln auch das eigene Selbstbewußtsein aus. Andererseits übt es selber Einfluß auf die Umwelt aus und wird oft zu einem dynamischen Faktor in den verschiedensten kulturgeschichtlichen Bereichen. Gleichzeitig kommt es aber auch zu Spannungen im Umweltverhältnis, bis zu einem gewissen Grade durch das Bedürfnis von Religionsgemeinschaften zur Abgrenzung und Selbstabgrenzung bedingt, fast immer durch die Minderheits- und Diasporasituation verschärft, und oft durch judenfeindliche Tendenzen in religiösen oder weltanschaulichen Strömungen von existenzgefährdendem Ausmaß. Fehlen solche Spannungen und nimmt angesichts des problemlosen Umweltverhältnisses die Assimilation überhand, treten im Judentum selbst Gegenströmungen auf, die eine Profilierung in ethnischer oder religiöser Hinsicht mit dem Ziel der Selbstbehauptung zum Ziel haben. Diesen vielfältigen, zum Teil auch ineinanderlaufenden oder gar gegenläufigen Prozessen nachzuspüren, ist das Ziel der Reihe "Judentum und Umwelt", die mit einer Studie zur Geschichte des Hebräischen eröffnet wird, der Sprache, die für die Selbstbehauptung des Judentums durchgehend von erstrangiger Bedeutung ist.

JUDENTUM UND UMWELT

Band 1 Bruno Chiesa: The Emergence of Hebrew Biblical Pointing, The Indirect Sources. 1979.

Band 2 Helmut Hirsch: Marx und Moses. Karl Marx zur "Judenfrage" und zu den Juden. 1980.

Band 3 Annelise Butterweck: Jakobs Ringkampf am Jabbok. Gen. 32,4ff in der jüdischen Tradition bis zum Frühmittelalter. 1981.

Band 4 Margarete Schlüter: "Deraqôn" und Götzendienst. 1982.

Band 5 Hans-Georg von Mutius: Die christlich-jüdische Zwangsdisputation zu Barcelona. 1982.

Band 6 Karlheinz Müller: Das Judentum in der religionsgeschichtlichen Arbeit am Neuen Testament. Eine kritische Rückschau auf die Entwicklung einer Methodik bis zu den Qumranfunden. 1983.

Band 7 Hermann Oberparleiter: Martin Buber und die Philosophie. Die Auseinandersetzung Martin Bubers mit der wissenschaftlichen Philosophie. 1983.

Band 8 Mary Dean-Otting: Heavenly Journeys. A Study of the Motif in Hellenistic Jewish Literature. 1984.

Band 9 Hannelore Künzl: Islamische Stilelemente im Synagogenbau des 19. und frühen 20. Jahrhunderts. 1984.

Band 10 Bruno Chiesa/Wilfrid Lockwood: Ya'qub al-Qirqisani on Jewish Sects und Christianity. A translation of Kitab al-anwar, Book I, with two introductory essays. 1984.

Band 11 Giulio Busi: Horayat ha-qore'. Una grammatica ebraica del secolo XI. 1984.

Band 12 Wolfgang Bunte: Joost van den Vondel und das Judentum. "Hierusalem Verwoest" (1620) und seine antiken Quellen. 1984.

Band 13 I Hans-Georg von Mutius: Rechtsentscheide rheinischer Rabbinen vor dem ersten Kreuzzug. Quellen über die sozialen und wirtschaftlichen Beziehungen zwischen Juden und Christen. - 1. Halbband. 1984.

Band 13 II Hans-Georg von Mutius: Rechtsentscheide rheinischer Rabbinen vor dem ersten Kreuzzug. Quellen über die sozialen und wirtschaftlichen Beziehungen zwischen Juden und Christen. - 2. Halbband. 1985.

Band 14 Mascha Hoff: Johann Kremenezky und die Gründung des KKL. 1986.

Band 15 I Hans-Georg von Mutius: Rechtsentscheide Raschis aus Troyes (1040 - 1105). Quellen über die sozialen und wirtschaftlichen Beziehungen zwischen Juden und Christen. - 1. Halbband. 1986.

Band 15 II Hans-Georg von Mutius: Rechtsentscheide Raschis aus Troyes (1040 - 1105). Quellen über die sozialen und wirtschaftlichen Beziehungen zwischen Juden und Christen. - 2. Halbband. 1987.

Band 16 Talia Thorion-Vardi: Das Kontrastgleichnis in der rabbinischen Literatur. 1986.

Band 17 Dieter Fettke: Juden und Nichtjuden im 16. und 17. Jahrhundert in Polen. Soziale und ökonomische Beziehungen in Responsen polnischer Rabbiner. 1986.

Band 18 Talia Thorion-Vardi: Ultraposition. Die getrennte Apposition in der alttestamentlichen Prosa. 1987.

Band 19 Sabine S. Gehlhaar: Prophetie und Gesetz bei Jehudah Hallevi, Maimonides und Spinoza. 1987.

Band 20 Christoph Dröge: Gianozzo Manetti als Denker und Hebraist. 1988.

Band 21 Thomas Rahe: Frühzionismus und Judentum. Untersuchung zu Programmatik und historischem Kontext des frühen Zionismus bis 1897. 1988.

Band 22 Benjamin von Tudela: Buch der Reisen (Sefar ha-Massa'ot), ins Deutsche übertragen von Rolf P. Schmitz. I. - Text. 1988.

Band 23 Gert Niers: Frauen schreiben im Exil. Zum Werk der nach Amerika emigrierten Lyrikerinnen Margarete Kollisch, Ilse Blumenthal-Weiss, Vera Lachmann. 1988.

Band 24 Wolfgang Bunte: Juden und Judentum in der mittelniederländischen Literatur (1100-1600). 1989.

Band 25 Gérard Jobin: Concordance des Particules cooccurrentes de la Bible hébraïque. 1989.

Band 26 Philippe Cassuto: Qeré-Ketib et listes massorétiques dans le manuscrit B 19a. 1989.

Band 27 Wolfgang Bunte: Religionsgespräche zwischen Christen und Juden in den Niederlanden (1100-1500). 1990.

Band 28 Hans-Georg von Mutius: Rechtsentscheide jüdischer Gesetzeslehrer aus dem maurischen Cordoba. Quellen zur Wirtschafts- und Sozialgeschichte der jüdischen Minderheit in Spanien und Nordafrika im 10. und 11. Jahrhundert. 1990.

Band 29 Angelo Vivian (Hrsg.): Biblische und judaistische Studien. Festschrift für Paolo Sacchi. 1990.

Band 30 Dagmar Börner-Klein: Eine babylonische Auslegung der Ester-Geschichte. Der Midrasch in Megilla 10b-17a. 1991.

Band 31 Hans-Georg von Mutius: Rechtsentscheide Mordechai Kimchis aus Südfrankreich (13./14. Jahrhundert). Übersetzt und erläutert von Hans-Georg von Mutius. 1991.

Hans-Georg von Mutius

Rechtsentscheide Raschis aus Troyes (1040-1105)
Quellen über die sozialen und wirtschaftlichen Beziehungen zwischen Juden und Christen - 1. Halbband

Frankfurt/M., Bern, New York, 1986. VIII, 171 S.
Judentum und Umwelt. Bd. 15/I
ISBN 3-8204-9663-7 br. DM 48.--/sFr. 40.--

Die Responsenliteratur der jüdischen Minderheit stellt für die Rekonstruktion mittelalterlicher Lebensformen eine Geschichtsquelle ersten Ranges dar, die wegen ihrer sprachlichen Gestalt aber nur wenigen zugänglich ist. Die vorliegende Übersetzungssammlung, die thematisch die Beziehungen der Juden zu ihrer nicht-jüdischen Umwelt behandelt, versucht auf diesem Gebiet neue Quellen allgemein zugänglich zu machen.

Aus dem Inhalt: Geldhandel und Pfandleihe - Rechtsgeschäfte mit Immobilien - Apostaten und Zwangsgetaufte